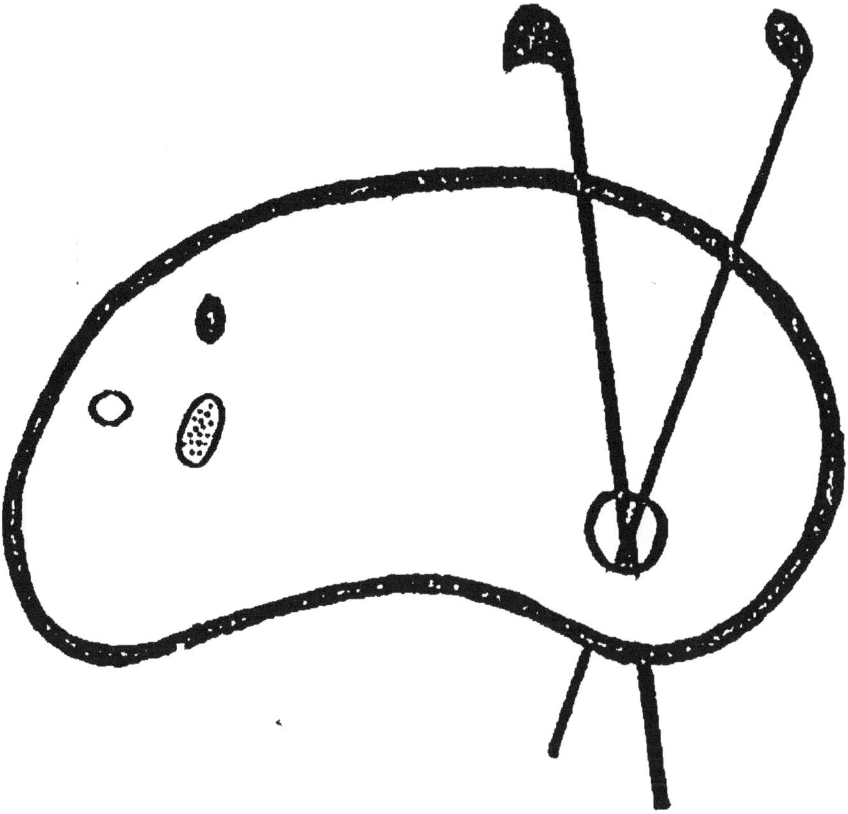

COUVERTURE SUPERIEURE ET INFERIEURE
EN COULEUR

VOYAGE SENTIMENTAL

AUTOUR

D'UNE VIEILLE FEMME

PAR

Mᴸᴸᴱ BARBIER

PARIS

E. PLON ᴇᴛ Cⁱᵉ, IMPRIMEURS-ÉDITEURS

10, RUE GARANCIÈRE, 10

—

1878,

SCEAUX. — TYP. ET STÉR. M. ET P.-E. CHARAIRE,

VOYAGE SENTIMENTAL

AUTOUR

D'UNE VIEILLE FEMME

VOYAGE SENTIMENTAL

AUTOUR

D'UNE VIEILLE FEMME

PAR

Mlle BARBIER

PARIS

E. PLON et Cie, IMPRIMEURS-ÉDITEURS

10, RUE GARANCIÈRE, 10

1878

Tous droits réservés.

A

MES BIEN-AIMÉS

PIERRE & JEANNE BARBIER

En vain une neige glacée
D'Homère ombrageait le menton ;
Et le rayon de la pensée
Rendait la lumière éclipsée
Aux yeux aveugles de Milton.

Autour d'eux voltigeait encore
L'amour, l'illusion, l'espoir,
Comme l'insecte, amant de Flore,
Dont les ailes semblent éclore
Aux tardives lueurs du soir.

Un Poète.

VOYAGE SENTIMENTAL

AUTOUR

D'UNE VIEILLE FEMME

D'OU CE VOYAGE EST PARTI

Pierre, mon cher neveu, pourquoi donc m'obliges-tu à condescendre à l'incessante fantaisie qui te prend de me faire écrire quelques pages par la seule raison que j'ai imaginé un titre qui te plaît : *Voyage sentimental autour d'une vieille femme?*

Mon Dieu! les titres ne manquent pas, et j'en trouverais plus d'un qui te mettrait en verve; car c'est à ton âge, cher enfant, qu'il fait bon écrire, parce que les idées coulent à pleins bords.

Qu'il est merveilleux de voir éclore de frais et printaniers sentiments!

1

Enthousiasme de la jeunesse, que vous êtes adorable!

Ah! quelle que soit ma gaieté native, quelque éloge que je puisse faire de la vie et de la vieillesse, il y aura toujours et inévitablement au cours de ce récit quelques leçons, quelques petits préceptes de morale.

La morale, cet épouvantail des jeunes esprits!

Ce ne sera donc pas de ma faute, si toi et Jeanne vous vous heurtez à des sentences.

Mais que peut faire de mieux une vieille femme que de remplir ses loisirs avec la perspective qu'elle pourra laisser après elle un souvenir durable et quelques bonnes pensées?

Dieu a fait notre mémoire si fragile que, si nous ne voulons pas mourir tout entiers, il est nécessaire de laisser à ceux qui nous aiment, à ceux qui nous ont connus, une trace de notre passage.

D'ailleurs, en écrivant, je penserai à toi, je penserai à Jeanne, ma nièce bien-aimée à qui j'adresse ce livre.

Et je ne regretterai pas mon temps.

Tu m'as aussi priée, cher Pierre, de mettre mon portrait à l'entrée de ce volume. Mais à quoi bon? J'ai eu le malheur, en naissant, de porter une figure en contradiction avec mon esprit, si bien que j'ai toujours pensé que le visage que je porte ne m'appartenait pas ; il me fallut de même subir un nom qui me déplut toujours.

Je crois à l'influence du nom.

N'est-il pas probable que, si j'eusse été appelée Valentine au lieu de Victoire, la face de ma fortune eût pu changer?

Et si j'eusse eu une figure selon ma fantaisie, crois-tu que je ne me serais pas regardée plus souvent?

Que veux-tu? quand je me mets à mon miroir, je ne me reconnais pas, et volontiers je me ferais la grimace.

Ah! tu ne me la fais pas, toi, mon bon neveu. Tu m'aimes comme je suis, avec mon visage et mon nom.

Aussi, pour te remercier, je t'obéis en écrivant ces lignes, et je léguerai ce voyage à ton amitié.

LE VOYAGE

Ma chère Jeanne, tu sais aussi bien que moi que, lorsque nous naviguons au bord d'une rivière, les arbres qui bordent le rivage semblent marcher, tandis qu'en réalité c'est nous qui marchons.

Dans la vie, l'illusion est contraire : nous croyons avancer, quand c'est la vie qui marche ; nous pensons nous guider vers un but, mais c'est souvent le but qui vient à nous ; et comme l'a dit un orateur sacré : « Ce n'est pas nous qui avons vingt ans, trente ans, c'est la mort qui a déjà cette avance sur nous. »

Ce sont donc bien en effet les événements qui voyagent autour de nous et non pas nous qui voyageons.

Et, tandis que le temps passe, nous conjuguons, il est vrai, tous les verbes de la vie, sans nous apercevoir que nous déclinons tous les jours

Ne vois-tu pas d'ailleurs tout se succéder, tout se renouveler à nos yeux ?

Donc, en lisant mes impressions sentimentales, tu connaîtras les derniers voyages peut-être qui se seront faits autour de ta pauvre vieille tante.

Tu les liras, j'espère, ces courts voyages, tu les reliras un jour au coin de ta cheminée ; mais, en attendant que tu portes des lunettes, souffre que je te parle de la vieillesse, comme j'aime à en entendre parler.

Croirais-tu, chère Jeanne, qu'en écrivant ces lignes j'éprouve le regret de penser qu'il me sera impossible d'assister à ta vieillesse? Je la voudrais si bonne, si douce !...

Hélas! me dis-je parfois, quand elle aura atteint ses beaux quatre-vingts ans, je ne serai plus là depuis longtemps !... Et cela m'attriste.

Et, pour me consoler, je t'écris, puisque écrire c'est encore laisser, quand on aime, le meilleur de son cœur.

DE PARIS A SCEAUX

D'abord, et avant que le voyage que je vais décrire ait pris son cours, toi qui sais, chère enfant, comment ma vie est faite, trouve quelque chose de mieux que de l'avoir en partie double.

Trois jours à la campagne, quatre jours à la ville.

Posséder Paris et jouir de la vue des champs.

Se récréer dans la grande ville, et dans les bois se délasser des fatigues de la capitale.

C'est dans cette variété de plaisirs et de travail que se dépense mon temps.

Alternative qui entretient la santé et la belle humeur.

Et les voyages, donc ! Voyages courts, au reste, et dont les horizons sont bornés.

A peine a-t-on quitté *Montrouge* et dépassé le triste *Bicêtre* qu'on longe *Arcueil* dont le merveilleux aqueduc porte les eaux de la Vanne. (Je songe parfois que, lorsque des siècles auront passé sur lui, il offrira à nos descendants des ruines au moins aussi belles que celles des monuments romains.)

Plus loin sont les *Hautes-Bruyères*, d'où le canon de 1870 tombait en plein sur la pauvre ville de Sceaux.

Ah ! je me souviendrai toujours de ces abominables journées !

La route, qui mène droit à Orléans, est encore marquée, de çi, de là, par des maisons écroulées. Affreuse tempête !

Bientôt on longe le gentil village de *Bagneux* et, après avoir fermé les yeux sur l'insignifiant *Bourg-la-Reine*, on trouve, à son extrémité et à droite, le pavé de Sceaux, bordé des arbres encore splendides de l'ancien château de la duchesse du Maine.

Voilà bientôt trente ans que, deux fois tous les huit jours, je fais ce trajet. Or, l'année se composant de 52 semaines, je l'accomplis donc 104 fois par an. Maintenant, multiplie 104 par 30, et tu verras si je dois connaître ma route.

Je ne dis pas que ces petits voyages se fassent

toujours sans quelques menus désagréments. Notre petit chemin de fer tournant et serpentant avec grâce n'en déraille pas moins. Les voitures et les chevaux n'y sont pas plus aimables qu'ailleurs. Et le temps n'est pas toujours courtois.

Je ne dis pas que la lassitude, la froidure en hiver, la chaleur en été, ne m'éprouvent quelquefois. Mais, sans ces petits désagréments, aurait-on le plaisir qu'on trouve à rentrer chez soi, à y trouver un doux visage, un bon feu quand il fait froid, une table mise?

Et quand je tiens mon lit...

JOUR DE MA NAISSANCE

Oui, ma chère Jeanne, j'entre aujourd'hui gaiement dans ma soixante-huitième année et, puisque ton frère me presse, je consens à commencer dès à présent ce voyage en te plaçant à mes côtés.

D'autant qu'il me semblera agréable de le faire près de vous deux et sans changer de place, car de courir, à mon âge, cela ne se peut, quoique ma voisine, âgée de près de quatre-vingt-trois ans, vienne de faire résolûment six cents lieues pour aller embrasser l'enfant de sa fille.

Tu penses bien que je te parlerai souvent de moi dans ce voyage. Le moyen de faire autrement?

Je te parlerai aussi de la vieillesse, et pour cause.

D'ailleurs tu sais que j'ai toujours préféré l'automne et l'hiver même à l'été. Tu sais combien les vieillards me touchent et m'intéressent!

Les enfants me charment sans doute et je les aime aussi; mais je ne sais quoi m'inquiète dans cette vie qui commence.

Que d'amertumes! que de douleurs! quelle mort prématurée peut-être les attend!...

Pauvres et chers petits! Ils rient aujourd'hui. Ils chantent. Mais demain?...

Toi, fière de ta belle jeunesse, tu ne comprends pas encore bien ces sympathies et ces inquiétudes.

Tu penses que ta vie sera éternellement riante; que les printemps se succéderont en t'apportant de nouvelles et délicieuses rêveries; que tes horizons seront toujours à perte de vue, et toujours couleur de rose.

Mais l'âge mûr, hélas ! voit souvent, au sortir de cette brume enchanteresse, les mécomptes, les désillusions et le reste.

Tu n'en es pas encore là.

Aussi, remarque que je ne veux point faire l'éloge de cette époque de la vie.

Je ferai, au courant de ma plume, l'éloge de la vieillesse, bien plus belle, bien plus savoureuse que l'âge mûr.

Et la preuve, c'est que j'en parle toujours gaiement.

NOEL ! NOEL !

Que j'ai béni de fois déjà ce jour qui vit naître le Christ ;

Ce jour qui nous invite à la joie et à la prière ;

Ce jour qui nous amène près des enfants et des vieillards.

Aussi je suis bien aise d'être née la veille de Noël.

On me fête, je fête Noël. C'est tout un.

Dans ma retraite de Sceaux, tout est en fleurs; le soleil et les guirlandes n'ont pas oublié mon anniversaire. Les guirlandes surtout, car ce jour-là le soleil se promène plus volontiers dans d'autres climats.

Qui donc a chanté? qui donc a si gaillardement dansé, si ce n'est ma bonne vieille tante? Ah! ses quatre-vingts ans n'y faisaient pas défaut.

Que j'étais heureuse de sa gaieté, de son bel entrain!

Les jeunes gens se contentaient de rire; ils ne savent plus faire autre chose. Encore faut-il leur savoir gré de s'amuser de quelque chose!

Mais les jolis arbres de Noël, que sont-ils devenus? Tous les enfants sont grands. Toutes les premières fêtes de la vie sont parties.

En Norwége, à Noël, au moment où le soleil semble renaître, la joie est partout. Chaque voyageur peut prendre place à la table et près de l'âtre. On l'accueille, on le festoie.

Les auberges mêmes s'ouvrent gratuitement aux pauvres.

Tous les animaux domestiques sont régalés au mieux.

Dans les cours se dressent des mâts élevés au haut desquels de fortes gerbes d'avoine les invitent à un bon repas.

Voilà de la fine fleur d'hospitalité !

Voilà qui marque bien une véritable fête !

Pourquoi, mon Dieu, n'en faisons-nous pas autant ?

ADIEUX A L'ANNÉE

Voilà donc encore une année qui s'achève, ma chère Jeanne, une année qui nous tire sa révérence !

Comme toutes les autres, elle a répandu dans sa course des catastrophes, des deuils, mais bien des bonheurs aussi.

Jour sérieux où l'on s'incline, où l'on rend ses comptes.

Jour qui marque, hélas ! bien des places vides autour du foyer.

Mais jour aussi où plus d'un enfant adoré prend pour la première fois sa place à la table de famille.

Ne devrait-on pas au seuil d'une année faire la récapitulation de ses services ? celle de ses bonnes et de ses mauvaises actions ?

Je sais bien que Dieu connaît nos œuvres mieux que nous-mêmes ; cependant je crois qu'en sa présence il serait bon de tenir son registre ouvert.

Notre conscience n'est-elle pas notre fortune ?

Je ne sais quel poëte a dit :

Ce qui tourmente une âme au déclin de la vie,
Ce n'est plus ou l'orgueil, ou la crainte, ou l'envie,
C'est un désir ardent et plein d'anxiété
De se juger soi-même en toute vérité.

Cela est juste et pourrait s'appliquer, il me semble, au déclin de l'année ; moi, je n'y manque jamais.

Quant au monde, je ne le trouve pas digne de ma confession, et mes fautes n'intéresseraient personne. D'ailleurs je ne voudrais lui dire que ce que ma bonne tante dit à son curé : « Mon père, j'ai dû commettre bien des péchés, mais je ne me les rappelle plus du tout. »

Te donnerai-je les mémoires de l'année expirée, chère Jeanne? Non. Je n'ai été mêlée à aucun événement politique ou social. J'ai peu connu de nos petits grands hommes : je dis petits, parce qu'aujourd'hui je ne rencontre plus de grands caractères; je ne vois même plus de grandes physionomies.

Le petit voyage que je t'écris suffira donc à ma gloire ou à mon humilité.

Bonsoir, cher 31 décembre !

Bonsoir et merci, puisque tu me permets encore de te saluer!

Ah ! ton seul tort est d'arriver trop lentement au gré des enfants; trop vite au gré des vieillards.

Il est vrai que le temps nous emporte de sa marche pressée vers un monde qui doit être meilleur encore que le nôtre. Mais un moment d'arrêt lui serait-il donc impossible?

Je suis vieille, j'en conviens ; mais, vieille, je voudrais vivre encore.

Et bien souvent avec Lamartine je m'écrie :

Ainsi toujours poussés vers de nouveaux rivages,
Dans la nuit éternelle emportés sans retour,
Ne pourrons-nous jamais sur l'océan des âges
  Jeter l'ancre un seul jour?

NOUVEL AN

1er *Janvier.*—Pourquoi donc suis-je plus émue que d'ordinaire? Pourquoi cette date, que j'ai vue apparaître plus de soixante fois, me trouve-t-elle aujourd'hui plus pensive?

C'est qu'aujourd'hui elle a plus d'éloquence ; c'est qu'elle me parle plus puissamment de ma vie écoulée.

C'est qu'elle me fait pressentir une fin prochaine...

Qu'importe ! Je pense, donc j'existe encore. Je pense, et mon esprit recueilli s'est dirigé vers mes amis absents.

Ah! quand je compte tous ces braves cœurs

tombés avant moi sur le chemin, je me prends d'une indicible tristesse; je me prends d'un immense désir de les rejoindre...

Puis, reportant mes idées sur le présent, je me demande, lorsque, par une suite d'événements ou par la manière dont les portes de la vie se sont ouvertes, on vit seul ou presque seul, je me demande si le jour de l'an est une fête?

Oui, cependant, puisque ce jour offre l'occasion de s'embrasser de nouveau, de faire un joli petit sermon à un neveu, et un compliment à sa bourse.

Oui, puisqu'il existe des pauvres réconnaissants, qui, en échange de menus cadeaux, me donnent des leçons pratiques de haute philosophie.

Quoique je ne connaisse point l'ennui, je suis trop souvent seule; je ne me déplais pas en ma compagnie; néanmoins je sens que ce n'est pas assez de n'être qu'un.

N'est-on pas au monde pour être deux, pour être trois... pour être...?

> Sans quoi le célibat, et désert et bien rude,
> N'est pas la liberté, mais bien la solitude,

dit Émile Augier.

Je suis donc restée aujourd'hui dans mon gîte.

Mais que faire en un gîte à moins que l'on ne songe?

Et j'ai songé à tant de choses que je ne pourrais pas les raconter.

MA JARDINIÈRE

Merci, Jeanne! tu viens de m'offrir une superbe jardinière!

Que de fleurs! et odorantes!

Mais voyez la perfidie du siècle! voyez jusqu'où peut aller l'hypocrisie! Quelques-unes d'entre elles sont cousues, d'autres ficelées; plusieurs sont piquées sur des tiges qui ne leur appartiennent pas.

Tristes fleurs! A quel régime les met l'amour du gain! Ah! que la nature doit gémir de se sentir ainsi trahie, mutilée!

Quand ces fleurs n'existeront plus, Jeanne, ce qui ne tardera pas, j'en mettrai de nouvelles qui, du moins, s'épanouiront en liberté : elles vivront de leur vie et mourront de leur propre mort.

Tu sais quel amour j'ai pour la terre, cette bonne terre de la Providence ! tu sais quel respect, quelle admiration j'ai pour sa vertu !

Je ferai donc de ta jardinière un champ d'études et d'observation, j'y sèmerai des grains ; je verrai le germe sortir, je surveillerai sa croissance et tous les phénomènes qui s'y rattachent.

Je veux aussi y planter un rosier, un beau rosier ; je considérerai l'insecte qui doit y naître et se nourrir de ses feuilles, et je ferai de cette plante une petite auberge.

Sais-tu quelle admirable science Dieu donne à l'insecte ? Écoute : sans avoir connu sa mère, sans qu'il lui soit possible de voir ses enfants, voilà une petite bête qui, après avoir vécu joyeusement au soleil, s'occupe de sa progéniture ; elle en fait le sujet de sa pensée.

Au temps marqué, elle cherche pour déposer ses œufs, non la plante qu'elle aime, mais celle qui conviendra à ses petites chenilles ; elle choisira celle dont, au moment de l'éclosion de ses œufs, les pousses nouvelles conviendront à leur nourriture. Elle leur dresse d'avance, pour ainsi dire, une table toute servie.

Juste à point, le couvert sera mis.

Nous pourrions nous y tromper, nous, mais pas la bête.

Ce n'est qu'après avoir grandi ensemble et s'être fortifiés que la plante ouvre ses bourgeons et que l'insecte déploie ses ailes.

Vois-tu, Jeanne, ce magnifique instinct de l'amour maternel?

Eh bien! la nature entière est pleine de cet amour. Elle en donne à tous les êtres. Ce qu'elle veut, c'est de créer et de conserver.

Quant à de l'amour filial, elle n'en a pas besoin.

Il faut entendre parler les vieux naturalistes sur ces merveilles! Ceux-là sont les vrais amoureux de la nature.

Il faut entendre les philosophes! Il faut écouter La Fontaine.

Je lisais hier, dans la vie de ce fabuliste, que des amis l'avaient engagé à passer avec eux quelques jours à la campagne.

Une fois on l'attend vainement pour se mettre à table.

Il n'arrive qu'après le dîner.

On lui demande d'où il vient.

— Je viens, dit-il, de l'enterrement d'une fourmi.

« J'ai suivi le convoi jusqu'au cimetière, et j'ai reconduit la famille jusque chez elle. »

Ma chère Jeanne, pour ces observateurs, la vieillesse n'est point à craindre.

Ils auront toujours plus de provisions qu'il n'en faut pour le temps qu'il leur restera à vivre.

MES RUINES

Un homme de génie voulant se venger de l'injustice de son siècle jeta un jour au feu toutes ses œuvres encore manuscrites.

Et comme on lui reprochait cet effroyable holocauste, qui d'ailleurs était le sacrifice de toutes ses propres espérances, il répondit :

— Qu'importe! Ce qui était important, c'est que ces choses fussent créées... Donc elles sont.

Cette idée ne s'applique-t-elle pas évidemment à toutes nos pensées, à toutes nos actions, fussent-elles ignorées, nées ou commises dans l'ombre?

Dans le spirituel, non plus que dans le temporel, ma chère Jeanne, je crois que rien ne doit se perdre.

Je fus bien heureuse un jour d'avoir l'occasion de reporter ces réflexions sur moi-même.

Ce jour néfaste fut celui où, à Sceaux, les Prussiens dévastèrent ma maison, crevèrent mes murailles, bouleversèrent mes escaliers, et firent de mon jardin le réceptacle de leurs plus honteuses immondices.

Comme Marius errant sur les ruines de Carthage, j'errai dans mes décombres.

Un Prussien, un seul Prussien se promenait au bout de mon allée. Je n'eus pas besoin de lui intimer l'ordre de partir.

La guerre était finie!

Ah! si mon pauvre père eût encore été de ce monde, cette horrible dévastation l'en eût bientôt fait partir!

Il aimait tant son ermitage!

Tout ce que je possédais, tout! tout avait disparu...

On eût dit qu'une effroyable rage avait plané et couru sur toutes choses.

Ce fut dans un fumier infect que je pus saisir à l'état de loque un superbe tableau de mon père.

Ce fut à l'état de poussière et de débris que je trouvai mes jolies statuettes?

Ce fut à l'état de boue que je ramassai ma pauvre bibliothèque.

Et à l'état de verre pilé que tout le vin de ma cave s'était réduit.

Hélas! pourquoi ces misérables ne se contentèrent-ils pas de boire mon vin et de manger mes provisions?... C'eût été tout légitime.

Mais toutes mes œuvres manuscrites, ma correspondance intime et littéraire, les écrits de mon cher père, ceux de ma chère nièce L. Cristiani!...

Recueils qui devaient occuper ma vieillesse, et que je couvais avec tant de soin!

Toutes ces richesses avaient allumé leurs poêles (il est vrai qu'il faisait terriblement froid cette année-là).

Mais que de gros soupirs ces manuscrits emportèrent avec eux !

Quand le mal est accompli, mon Dieu ! ce qui reste à faire, c'est d'en chercher le remède ou l'oubli.

Je me rappelai l'histoire de l'homme de génie.

— Si tout cela est perdu pour moi, m'écriai-je, qu'importe !

« Tout cela était créé. Donc rien n'est absolument perdu. »

Oh ! qu'il est salutaire, chère Jeanne, de s'appliquer les fortes pensées !

Sans celui qui fit naître en moi cette exclamation, peut-être des larmes plus douloureuses se seraient-elles échappées de mes yeux !

Néanmoins, chère enfant, quelque peu de valeur qu'aient les pages que je trace aujourd'hui, je ne les jetterai pas au feu, puisqu'elles t'appartiennent.

Et j'espère bien que les Prussiens ne reviendront plus en allumer leur cigare.

MES AMIES

Il est une dame charmante que j'aimai, il y a de cela plus de quarante ans.

Les événements nous avaient séparées. Je ne l'avais jamais revue.

Elle me rencontre, il y a peu de jours, me reconnaît sans hésiter et me dit d'un ton à n'en pouvoir douter qu'elle était bien heureuse de me revoir.

Quarante ans de perdus ! O dispersion de la vie !

L'amitié, comme une plante, a besoin de racines ; elle veut être entretenue par de longues habitudes. Rien ne remplace les vieux amis.

Amitié bonne et spirituelle, pourquoi me reviens-tu si tard ?

Pourquoi ne m'apparaître qu'à la dernière marche de l'escalier ?

Je dis la dernière marche, parce que la vie, qui se fait sans nous, descend à mon âge avec la rapidité progressive que met une pierre à tomber sur le sol.

Une autre amie m'est apparue, dont je veux te faire le portrait.

C'est une grande dame. Sa dignité naturelle, composée de réserve et de discrétion, lui donne, à mon regret, de la sobriété dans l'épanchement de ses affections.

Est-elle froide? Non, mais elle n'est pas sentimentale, elle a une froideur aimable, plutôt qu'une amabilité froide. Son visage ne cherche jamais le sourire, il vient de lui-même ; c'est le sourire de la bonté.

Malgré sa petite taille, elle a un grand' air, et, quoiqu'elle ne soit pas noble de naissance, ses manières sont empreintes d'une véritable aristocratie.

Simple en toutes choses, il y a en elle comme un courant de raison et de sagesse qui circule au travers de ses actions et qui donne une grande valeur à son commerce. Quelle égalité d'humeur et de caractère !

Sa fortune, fort au-dessus de la mienne, ne me trouble en rien ; ma philosophie égalise tout.

Autour d'elle, tout le monde est heureux ;

tout ce qui s'y passe est calme, tout s'y fait bien.

Elle m'aime, me le dit rarement, mais me le prouve toujours.

Parmi mes bonnes amies, je veux placer une jeune femme, une épicière.

Tu ris, Jeanne, une épicière !

Non, ma chère fille, mon amie n'est point une épicière, c'est la femme d'un épicier.

Qu'ils sont contents ceux qui, de sa main blanche et fine, reçoivent le sel et la moutarde !

Moi, je ne m'en fais pas faute.

Elle aime son mari, adore son fils et l'élève comme, pour la sécurité et le bonheur de notre pays, il serait sage que toutes les mères élevassent leurs enfants.

Quand son comptoir la laisse libre, nous nous échappons dans sa petite salle, et alors !...

Oh ! alors, nous ne tarissons pas sur tout ce qui touche à la littérature, à l'art, à l'amitié.

Elle a un sens droit et du goût; avec elle, on peut parler de tout et bien.

Sa bonté est telle qu'elle sait, malgré le piquant de ses observations, parler de son prochain sans en dire du mal.

En regard de cette femme si douce, si unie, je te parlerai d'un jeune ami que j'ai. Qui le connaît l'aime !

Mari d'une femme charmante et qu'il adore, père de trois enfants divins et diables à la fois, il fait beau voir cet homme, surchargé d'affaires graves et nombreuses, bondir d'un coup au milieu de sa famille et jouer comme un enfant au milieu de son petit troupeau.

Il fait beau le voir aux genoux de sa jolie femme, au cou de sa belle-mère, leur contant mille fariboles, car c'est un gendre comme il n'y en a plus. Et sa belle mère ! sa belle-mère ! Ah ! si toutes les femmes lui ressemblaient !...

Franchement original, c'est d'une mine froide que sort une aimable plaisanterie. Grave et léger à la fois, c'est presque en folâtrant qu'il rend un service. Tendre et brusque tout ensemble, vous entendez d'un ton bourru sortir une parole affectueuse.

Esprit fin, un peu sceptique, sans cesse préoccupé et sans cesse sollicité par mille travaux divers, il ne connaît ni les discours ni les allures ordinaires de la vie.

Sa pensée a toujours l'air de vagabonder.

Vous le croyez distrait, il vous écoute.

A-t-il l'air de vous entendre?... il ne pense pas à ce que vous lui dites.

Pensez-vous qu'il soit à vos côtés?... il est déjà bien loin.

Jugez-vous qu'il est parti?... il n'a pas bougé de place.

Enfin rien n'est plus singulier que cet ami-là, et il n'en est pas de meilleur.

Je donne encore le nom d'amis à des personnes qui ont pris depuis longtemps la bonne habitude de me censurer, de me contrôler en toutes choses.

Elles exercent en moi une grande vertu : l'humilité.

Près d'elles, je m'étudie, je m'observe.

On ne saurait croire les services que nous rendent ces bons petits ennemis-là.

Oui, ma chère Jeanne, il est nécessaire d'avoir

des personnes qui nous contredisent, qui soient prêtes à nous blâmer, quand même nous croyions bien faire et bien penser.

Que ce soit la marque d'un esprit critique ou celle d'un besoin de taquiner, les amis de cette sorte contribuent bien plus à notre perfection que ceux qui nous aiment les yeux fermés.

Les premiers nous donnent au moins l'avantage d'espérer le ciel, tandis que les seconds ne sont bons qu'à laisser dormir nos défauts au lieu de les tenir en éveil.

Mais les meilleurs en réalité sont ceux qui nous aiment les yeux ouverts, qui nous reprennent avec affection, qui se complaisent au bien qu'ils trouvent en nous et veulent nous aimer tels que nous sommes.

MA MAISON

Grâce à Dieu, chère Jeanne, le dévouement n'est pas encore banni de ce monde, et je serais bien ingrate si je ne me rappelais l'empressement de tous ceux qui vinrent m'aider à relever mes ruines ; de tous ceux qui concoururent puissamment à la restauration de mon petit domaine de Sceaux et me prodiguèrent leurs services.

Jours à jamais maudits par la guerre !

Jours à jamais bénis par la reconnaissance !

Mais oublions cette funeste invasion ; ne nous souvenons que des traits de charité qu'elle a fait éclore et des traits d'héroïsme qu'elle a vus surgir.

Moi, au moment où j'écris ces lignes, je ne veux songer qu'à tous les témoignages d'affection que j'ai reçus.

Comme de ce désastre il ne me resta absolument rien, qui m'apporta quelques chaises, qui des tables, qui plusieurs ustensiles...

J'eus bientôt le strict nécessaire.

De vieux amis, dans une délicate effusion, m'offrirent même des tableaux signés de mon père. Ah ! que ces amis trouvent ici de nouvelles marques du bonheur qu'ils m'ont procuré !

Mais avant de m'asseoir sur une chaise, avant de savoir où reposer ma tête, il fallut prendre la truelle et le marteau; il fallut improviser une cuisine dans un jardin défoncé de toutes parts, et débarrasser ma salle à manger d'un pauvre cheval malade couché sans paille. La paille manquait partout, ou du moins elle était pourrie.

Il fallut, quinze jours durant, brûler des amoncellements d'ordures, au milieu desquelles sortaient le bras cassé d'une statuette, les débris d'un vase de Chine, etc.

Tantôt c'était le coin d'un cadre sculpté qui apparaissait; tantôt je tirais à moi des papiers, des pages maculées, indéchiffrables.

J'avoue que ce fut dans ces cruelles recherches que ma philosophie eut le plus à s'exercer.

Il fallut mettre le puits à sec pour satisfaire à un perpétuel lavage.

Et, jusqu'au moment où la Commune se dressa, je reçus dans ces murs délabrés des amis, des réfugiés de toute sorte...

Sceaux était désert. Nul fournisseur n'était encore revenu.

Se nourrir devint un problème curieux;

Se coucher et dormir, une difficulté sans nom.

L'état dans lequel nous vécûmes pendant plus d'un mois devint une bohême organisée, un robinsonnage incroyable !

Nous étions vingt personnes unies dans une même destinée.

Mais tout le monde travaillait, tout le monde y allait de grand cœur.

Et je crois que les plus anciens de la compagnie étaient les plus gaillards.

Le soir venu, brisés de fatigue, après une grosse soupe servie en commun, autour de laquelle les assiettes et les cuillers étaient loin d'être suffisantes, assis devant une table faite de mauvaises planches posées sur des ais qui branlaient, nous nous trouvions encore assez dispos pour faire, avec de vieilles cartes, une partie de trente-et-un.

Oui, ma chère, on jouait. On jouait pour l'honneur...

Mais cela ne dura que jusqu'au moment où des misérables mirent le feu dans Paris.

Oh ! alors, assis sur les buttes voisines, nous cherchions en gémissant les endroits attaqués.

C'étaient à tour de rôle les Tuileries, l'Hôtel de Ville, les Finances et le reste...

Mes yeux ne quittaient ni le Louvre ni les bibliothèques. Dieu merci! ils furent épargnés...

L'ÉPIPHANIE

A Sceaux, j'ai été reine, ma chère Jeanne, reine d'un jour, reine de par la fortune.

Je n'aurai pas de peine à gouverner mes sujets ; ils se composaient de ma tante et de ma chienne. Peuple heureux!

Jamais je ne vis d'élection si pauvre et de couronne si délabrée.

Néanmoins la paix règne dans mon empire, et mes ministres sont contents.

J'ai remarqué que les fêtes les plus contestées, quand elles sont fondées sur des festins, résistent à tout.

Les esprits forts, les républicains les plus avancés, tout en voulant détrôner les rois, trouvent très-bon de festoyer le jour qui amène l'occasion de boire, de manger et de se partager une galette.

A la fin du siècle dernier, dans ce temps de bonne réglementation, chaque métier s'exerçait dans sa spécialité.

J'ai entendu dire à ma grand'mère que le jour des rois, un boulanger n'avait pas le droit de pétrir un gâteau.

Il lui était même défendu d'enfourner.

C'était fête.

Si l'on ne s'était pas précautionné de pain, il fallait manger les croûtes de la veille.

Et si les croûtes manquaient il fallait se rabattre sur la brioche. A la bonne heure !

MA MANSARDE

A Paris, c'est une mansarde que j'habite, point ne veux qu'on l'ignore.

C'est de cette petite chambrette que je t'écris souvent, ma chère Jeanne.

Nid charmant, offert comme pied-à-terre par d'excellents amis qui me voulaient près de leur demeure.

C'est là que se sont déjà écoulées les plus douces heures de ma première vieillesse.

Ah ! j'aurai pour cette mansarde une parole d'affection et de gratitude.

Oui, je dirai tout ce qu'elle mérite.

Discret témoin de ma vie laborieuse et de mes nuits calmes ou agitées, chère mansarde, tu ne saurais faire ton éloge.

Pourrais-tu compter le nombre des amis que tu as reçus ? Pourrais-tu répéter les doux entretiens entre mon frère et moi ?

Pourrais-tu dire les humbles, mais intéressants événements que tu as vus passer ; les deüils qui sont venus t'attrister ; car tes murailles prennent tantôt un air de fête, tantôt un aspect de délaissement ; tantôt tu as entendu mes rires, tantôt tu as assisté à mes larmes.

Parfois tu t'es moquée d'un vieux flatteur qui se trompait d'adresse.

Une fois tu t'es indignée contre une misérable

intrigante dont le masque séducteur me fit répandre dans sa main tout ce qui se trouvait dans
ma bourse.

Quoique ma fenêtre soit étroite, je vois à
gauche les premières lueurs de l'aurore ; à droite,
les avant-dernières splendeurs du couchant ;
puis, à l'heure du crépuscule, je retrouve tous
les mois mon gentil croissant et ma chère lune,
qui varie agréablement le spectacle de la nuit en
modifiant chaque soir sa mélancolique figure.

En été, je contemple avec plaisir la promenade
des hirondelles dans les airs, j'en suis le cours,
le retour, les courbes élégantes et raisonnées,
car, à l'encontre de nous, elles savent toujours ce
qu'elles font. Sont-elles heureuses de jouer dans
les nuages, de raser le sol, de boire la rosée du ciel !

Et pour compléter le spectacle, de la forêt de
cheminées qui s'élèvent à mon horizon, et dont,
par malheur, les girouettes ne sont pas toujours
d'accord, je vois au loin deux petits tuyaux dont
les têtes, selon le vent, ont l'air de se courber
ou de se redresser. Mais le hasard a voulu que

ces deux mouvements se combinassent quelquefois en une. telle apparence de tendresse que je
les vois très-souvent se parler à l'oreille et se
dire probablement quelques doux propos.

Toutes mes découvertes, si j'étais toujours
confinée dans ma chambrette, seraient de savoir
pourquoi le valet.de chambre du premier étage,
qui monte toujours si lourdement quand il va
vers sa chambre, glisse toujours inaperçu, le
soir, au fond d'un corridor où réside un fruitier
plein de pommes.

Et pourquoi mon jeune porteur d'eau entretient avec la cuisinière du troisième d'intermina-
bles causeries : mais la servante rit de si bon
cœur, et le garçon est si honnête !

Ah ! mon bon petit. nid, ma chère mansarde !
si tes murs pouvaient parler, ils diraient à ceux
qui l'habiteront après moi :

C'est ici que, pendant vingt ans, une femme
déjà vieille vint s'abriter.

C'est là que, malgré la solitude qu'elle y trouva,
malgré les tristesses inséparables de la vie, elle
put goûter la paix, le repos et le bonheur vrai

qu'on ne peut éprouver que dans le commerce de Dieu, de l'étude, et dans l'affection sincère de quelques vieux amis.

O MÉDIOCRITÉ!

Je me souviendrai toujours, chère Jeanne, étant à dîner chez un de mes amis, du gros éclat de rire que je provoquai au récit des jouissances extrêmes que je trouvais dans cette mansarde petite et très-lambrissée que j'occupe depuis si longtemps.

— Dans une mansarde! répétait-on de toutes parts.

— Oui, dis-je au maître de la maison, on peut dans un grenier être heureux à tout âge.

« N'ai-je pas orné le mien de mes plus chers souvenirs?

« Et tout ce qui est nécessaire à une vie de femme et d'artiste ne s'y trouve-t-il pas?

« Le luxe seul en est banni, mais le confortable s'y trouve.

« Quand on n'y a pas été habitué dès sa jeunesse, avouons que les appartements somptueux ne conviennent qu'aux gens qui ne se soucient point des choses de l'esprit.

« Qu'y a-t-il de plus lourd et de plus embarrassant qu'une fortune à conduire?

« Quoi donne plus de soucis, de tracasseries et d'inquiétudes?

« Dieu me garde de la richesse !

« O médiocrité, que tu es désirable! » ajoutai-je en m'animant de plus en plus.

Et l'éloge qu'elle m'inspira, sortant du fond de mon cœur et de la vérité, je devins éloquente.

On m'entoura, on m'écouta sérieusement. Au gros rire succéda un assentiment général, et si je ne fis pas de conversions très-sincères, je t'assure, Jeanne, qu'il s'en fallut de très-peu.

Hélas ! aujourd'hui, l'on ne sait plus goûter la liberté que donne une fortune médiocre.

L'amour du luxe nous étouffe.

Ah ! quand un rayon de soleil visite ma chambrette, toujours enguirlandée de lierre et parée de fleurs, que je l'aime ! A mon gré, elle se dispose en appartement complet.

Je fais de ce petit réduit ce que je veux : un salon, une chapelle, une académie.

J'y demeure avec une foule de bons esprits, de penseurs sévères, de riants philosophes, de poëtes chéris.

Ce qu'il a y de certain, c'est que je ne quitte jamais ma mansarde qu'à regret, et ne la retrouve qu'avec un plaisir extrême :

> Car je revois avec transport
> Ce nid où sans trouble on s'endort.

Trouve-moi un palais, Jeanne, dont on puisse en dire autant.

A MA FENÈTRE

> Oui, toujours l'homme vertueux
> Aime à voir se lever l'aurore.

Je ne sais comment ce distique se trouva ce matin au bord de mon réveil, mais pour en éprouver la valeur je sautai en bas de mon lit pour assister à ce lever.

C'était *Vénus* qui brillait à l'horizon. C'était l'étoile du berger qui m'apparaissait lumineuse comme une divinité et jetait son feu à travers mes rideaux.

Pour voir lever Vénus, a-t-on besoin d'être vertueux, pensai-je? et lâchement je me suis recouchée.

L'aurore vint. Moi, pour compléter l'affirmation du poëte, qui ajoute :

> A son aspect délicieux
> L'homme juste est plus juste encore,

je me levai de nouveau, je n'y tenais plus, et je vis enfin naître l'aurore. Sensible à ma visite, elle s'était parée des couleurs les plus at-trayantes.

Je ne sais pas si par ce fait je deviendrai plus juste.

Hélas! il me faudrait peut-être voir bien des aurores avant d'avoir atteint cette justice qui ne s'égare pas!

Donc j'étais à ma fenêtre, lorsque les deux petits tuyaux dont je t'ai fait hier la description se montrèrent à moi.

Ils étaient dans une situation différente de la veille; je vis plus clairement leurs jolies têtes surmontées d'une flèche.

Ils la portaient fièrement.

L'un, le plus petit, représentait à mes yeux la demoiselle. Elle avait cette fois la raideur d'une personne disposée à ne rien entendre. Elle se tenait sur la défensive : on eût pu la croire offensée.

L'autre, le galant, s'inclinait et semblait lui faire des excuses.

Son attitude marquait un angle d'au moins 30 degrés.

Angle indiquant la soumission.

Moi, je ne pus ni ne voulus entendre leur explication.

Mais, mon Dieu! que ces girouettes m'amusent!

L'AMÉNAGEMENT

Je me rends cette justice que j'étais née pour faire un bon Robinson.

Ma chère mansarde dont je t'entretenais ces jours-ci en est un exemple.

Tu l'as vue bien souvent, mais en as-tu observé les aménagements?

As-tu distingué comment toute chose est logée; et de quelle façon ce qui m'est nécessaire et commode se trouve à point?

T'es-tu rendu compte de l'emploi des coins et recoins, et comment tout est soumis à mon ordre, à mon autorité?

Aussi n'ai-je besoin du concours de personne pour y vivre plusieurs jours de suite.

> Je loge au quatrième étage,
> C'est là que finit l'escalier.
> Je suis ma femme de ménage,
> Ma domestique et mon...

Non, vraiment. J'ai un portier, un concierge, un intendant même. C'est presque le gérant de mon hôtel. C'est lui qui fait un peu la pluie et le beau temps.

Qui n'a vu son air grave et discret, même quand il a l'obligeance de monter mes lettres, ou de m'avertir tous les matins qu'il veille sur moi?

Intendant de si bonne maison que, grâce à lui, j'accueille des pauvres sans qu'il en murmure, et des princesses sans qu'il en paraisse étonné.

Les reines n'y sont point encore venues, mais patience!

Toute la terre n'est pas encore en République.

Mon lit, qui le jour est transformé en divan, touche à ma commode, laquelle donne la main à une petite bibliothèque suspendue que coudoie un grand casier dont chacun des tiroirs, et ils sont grands et nombreux, a une disposition particulière et invariable. A son angle est fixée une modeste table toujours chargée, le matin, des éléments d'un déjeuner simple et modeste; et, le soir, d'une collation savoureuse.

Une corbeille à ouvrage est auprès; petit meuble à trois étages, où rien ne manque. Au rez-de-chaussée sont des chiffons; au premier, mes pastels; le troisième est rempli d'objets divers.

Si tu savais, Jeanne, avec quelle joie je viens m'asseoir près de cette corbeille !

On dirait qu'elle m'invite, qu'elle m'attend...

Tout est prêt : aiguille, ciseaux, dé...

Mes yeux se fatiguent-ils d'un travail obstiné, je n'ai qu'à les lever : un livre est perpétuellement dressé devant moi.

Je me nourris de l'esprit d'un écrivain que je préfère; je reprends mon ouvrage en ruminant ma lecture. Et... et mon bas est raccommodé.

Mon bureau est à deux pas de là, il n'est séparé de ma table que par la fenêtre. Bureau plein de vie et d'attraction !

Qu'il me plaît de le voir toujours inondé de papiers, de cahiers, de vieux bouquins !

On dirait que l'ordre n'y est pas ! mais moi je sais qu'il y est...

Au-dessus de mon bureau est le buste de Molière; mon adorable Molière est toujours devant moi ! Racine me lorgne de profil et mon bon et grand Corneille me regarde écrire.

3.

Quelle plume, sous de tels maîtres, resterait paresseuse?

Ma cheminée est à mon côté, un peu derrière moi, mais elle est bonne, comme tout ce qui m'entoure. Sa gaieté paraîtrait plus grande si j'en voyais la flamme.

Mais qui peut tout avoir?

A ses côtés est un placard.

Et le dernier coin de ma chambre, où se prélasse un fauteuil dont je cache avec soin les infirmités, va bientôt rencontrer ma porte d'entrée, qui, elle-même, touche à mon divan.

Je n'ai pas d'antichambre.

Le tour de ma mansarde est fait.

Que ceux qui ont visité ce nid disent si je l'ai flatté!

MES MURAILLES

Quand tu es venue me voir, chère Jeanne, as-tu remarqué sur mes murailles la place d'honneur qu'occupent les portraits de tes parents?

Quand je suis à mon bureau, as-tu remarqué

aussi que c'est à ma gauche que j'ai mis tous les amis que j'ai perdus?

Vrai cimetière, vraie promenade dans le passé.

Parmi eux, je retrouve toujours avec plaisir la noble et bienveillante figure de l'ancien fondateur de Sainte-Barbe, M. de Lanneau, qui fut adoré de tous ses élèves.

Je revois aussi les traits d'un vieillard ami de la famille, M. Babinet, astronome distingué.

Hélas! il chemina si bien dans les astres que sa pauvre maison ne marchait plus du tout : mais en s'oubliant lui-même il n'oublia jamais d'être bon et spirituel.

Au-dessus de mon lit est la belle tête du petit-fils du général Hoche.

Il était bon, et il aimait mon père.

Autour de ce plâtre en demi-relief, sont les portraits de plusieurs héros morts à la dernière guerre...

Je m'arrête souvent sur celui du jeune et magnanime vicomte de Molinet, tombé le jour de la manifestation de la paix... Qui; si ce n'est sa mère ou sa sœur, le regrette aujourd'hui plus que moi? Ah! son pauvre père en est mort de chagrin.

Jeunesse vaillante, qui partait emportée par l'amour du pays ou par le désir de faire baisser des armes déjà levées sur nous!

Temps affreux! temps à jamais exécrables!... Que Celui qui lit dans mon cœur me pardonne une pensée de fiel qui m'est montée à l'esprit.

Salut donc à tous ces visages bien-aimés!

Quant à ceux qui illustrent le reste de ma chambre, ils se trouvent toujours près de moi, parce que ma mansarde est si petite qu'une fois assise je n'ai pas besoin de me déranger pour en faire le tour. Elle me fait l'effet d'un cocon dont je suis la chrysalide.

J'admire donc, sans bouger de place, deux charmantes vues de Suède que mon frère a dessinées d'après nature.

Près d'elles, je regarde avec un plaisir toujours mêlé de tendresse l'intérieur de cette belle et grande cuisine de campagne, peinte par mon père, dans laquelle mon frère a passé sa première enfance, et où il a fait en trébuchant ses premiers pas...

Scènes adorables! Douce et bonne nourrice! Vieux parents!... Qu'êtes-vous devenus?...

O souvenirs! souvenirs!

As-tu seulement salué mes deux jolis chiens de bronze, gardiens de mon foyer? Ceux-là du moins ne me perdent jamais de vue.

Les pieds sur ces deux nobles bêtes, je pense, j'attise mon feu.

Mais qu'est-ce que ce feu sans la petite bouillotte, sa compagne? Et que deviendrait une bouillotte pleine d'eau à ses côtés, si l'on n'entendait le charmant murmure de son frissonnement, puis un peu après le bruit sourd de son ébullition?

Que faire, à présent, d'une eau qui bout?

A quoi l'employer, si ce n'est à la jeter sur un excellent thé?...

Et quand le thé est bien infusé, dis-moi, ne doit-on pas y ajouter une bonne tartine de beurre?

Et après? Après, quand le thé est servi, je crois qu'il ne faut pas faire de réflexions bien sérieuses pour le prendre.

UN LIVRE

J'ai dans ma mansarde, comme tu sais, une petite bibliothèque choisie. Cinquante volumes au plus la composent. Modeste fortune, comme tu vois !

Mais ils sont la fleur des écrivains que j'aime, et j'ai besoin parfois de me réunir à ces amis inconnus.

Quelquefois, troublée des choses de la vie, je cherche dans l'un d'eux un équilibre qui manque à mon esprit.

Je l'ouvre, il est bien rare qu'il ne réponde pas toujours à mes pensées : que ce soit l'*Imitation*, ce livre sublime ; que ce soit le divin Corneille, qui m'enchante ; Shakespeare ou Molière, qui me ravissent, je me sens toujours fortifiée par eux.

« O doux compagnons de ma jeunesse ! s'écriait M. de Sacy en s'adressant à ses livres chéris ; ô consolation de mes hivers ! fête intime et dernière de mon foyer solitaire! Avec vous, je pense, je cause et je m'endors. Avec vous, tout devient plaisir et bonheur. Avec vous, l'on marche plus légèrement sur la terre; avec vous, l'on monte au ciel. Ah! c'est que vous n'avez jamais eu pour moi que des conseils excellents, des espérances sans nombre et d'infinis enchantements. Que ne puis-je vous habiller de pourpre et d'or!...

« O mes chers livres! ajoute-t-il encore avec un sentiment de tristesse. Un jour viendra où vous serez étalés sur une table de vente. Le premier venu vous achètera, vous possèdera... Et pourtant il me semble que, par un si long et si doux commerce, ces livres sont devenus comme une partie de mon âme... Mais quoi!... rien n'est durable en ce monde, et c'est notre faute si nous n'avons pas appris de nos livres eux-mêmes à mettre au-dessus de tous les biens qui passent le bien qui ne passe pas, l'immortelle Beauté, la Source infinie de toute science et de toute sagesse. »

Que tout cela est bien dit! que tout cela formule bien ma pensée! et qu'on est heureux de la voir exprimée dans un si beau langage!

Je ferai comme M. de Sacy, je veux m'endormir ayant appris de mes livres ce qu'il y a de mieux à faire en ce monde :

Me faire aimer et bénir Dieu.

MES RÉCEPTIONS

Certainement ma mansarde est petite. Tu le sais, Jeanne ; mais je répète avec Socrate, à propos de sa maison dont on blâmait l'étroitesse :

> Plût au ciel que de vrais amis,
> Telle qu'elle est, pourtant, elle fût toujours pleine !

Le bon Socrate avait raison...

J'eus hier jeudi, jour où ma chambre est ouverte, tant d'amis qu'il fallut dépenser tout ce que j'avais d'ingéniosité pour caser mon monde.

Les genoux des pères pour leurs filles, ceux des maris pour leurs femmes me vinrent en aide.

On s'assit comme on put, et ceux qui manquèrent de chaises se couchèrent sur le tapis.

Mais ce ne fut pas sans des éclats de rire homériques que tout cela s'arrangea.

Dis-moi, chère Jeanne, si des siéges nombreux, confortables et bien disposés dans un salon fastueux ont jamais provoqué un tel rire.

Tant il est vrai que la médiocrité sera toujours plus gaie que la richesse !

Parmi mes amies, il y en avait de bonnes, de très-bonnes, de parfaitement bonnes ; que de degrés de chaleur dans le cœur qui nous est donné !

L'une d'elles donne aux pauvres convenablement, une autre donne généreusement, la troisième répand son aumône avec un charme qui n'appartient qu'à elle. Une quatrième portera silencieusement sa dévotion à l'église ; la cinquième voudra convertir le monde entier. Quelle diversité dans l'âme !...

Chez moi, les opinions les plus opposées sont admises.

On cause de tout : des rois et de la République ;

de choses d'art et de chiffons ; de littérature et de cuisine.

Ma mansarde n'est point un grenier de bel-esprit.

Le grec et le latin y sont honorés, mais ne cir-culent pas.

Ce qui me plaît, c'est de voir le bon sens y te-nir le dé.

O sens commun que j'aime, si tu n'es pas le point de départ de toutes choses, eussions-nous des bottes de sept lieues, nous manquerons tou-jours le but !

MES LOCATAIRES

Je t'ai bien dit, ma Jeannette, que je possédais une mansarde, un petit paradis.

Mais je ne t'ai point parlé de ses habitants, de ces quelques souris qui vinrent si souvent s'in-staller chez moi, dont le sans-façon ne m'allait guère, et que je ne subissais pas sans faire par-fois la grimace, quoique du milieu de la solitude on accepte volontiers toute compagnie.

Aussi j'en étudiai les mœurs avec quelque intérêt.

Tout en souffrant de leurs dégâts, et surtout de leur malpropreté, ce n'était pas sans surprise que je voyais leur adresse à ronger mes corbeilles pour voir ce qu'il y avait dedans, à grignoter mon sucre sans bruit, de peur de me distraire de mon travail, à mordiller mes fleurs, non pour en extraire le miel, mais pour s'en nourrir bel et bien. Leur meilleur repas était celui qu'elles faisaient avec mes grandes herbes fraîches, que je rapportais tous les huit jours de la campagne.

Un soir, étant couchée, l'une d'elles, plus entreprenante ou plus effrontée que les autres, vint, sans permission, se glisser sous mes draps. (Je suppose que l'amitié n'y entrait pour rien.)

N'était-il pas suffisant que je leur donnasse droit de promenade, sans leur offrir une si intime hospitalité? Pouvais-je croire à un accès de reconnaissance?

Non. J'étais indignée! Tant de présomption méritait un châtiment.

Il fallut mettre le holà à cette gentillesse...

Je confesse donc ici, non sans quelque remords toutefois, que je leur tendis traîtreusement des piéges.

Comment se faisait-il que ces petites coquines n'y touchaient pas, ou à peine ?...

J'en étais inquiète et contente à la fois.

Elles se méfiaient... Il y avait bien de quoi !

Un matin, pourtant, les amorces disparurent ; je crus mes souris empoisonnées. Pauvres créatures du bon Dieu ! pensai-je, à quelles souffrances les ai-je exposées, à quelles douleurs sont-elles en proie ?

Bah ! le lendemain, je trouvai sur ma table des preuves irrécusables de leur existence.

J'observai ces traces, elles dénotaient quelques désordres dans leur santé.

Évidemment, elles étaient malades, mais elles n'étaient pas empoisonnées.

Ne pouvant pas me croire coupable d'une si odieuse préméditation, elles revinrent ; leur confiance me rendit plus clémente.

J'avoue cependant que le jour où des maçons vinrent, en réparant l'hôtel, boucher les issues de mes visiteuses, je ne m'en plaignis pas.

Une autre petite bête, une mouche, devint ma compagne.

Silencieuse et discrète, elle se tenait toujours derrière les rideaux de ma fenêtre, se réjouissant d'un rayon de soleil et se contentant pour vivre du sucre et du café que je lui laissais au fond de ma soucoupe.

Quand l'heure était venue de prendre son repas, il me semblait qu'elle s'approchait de moi; j'aurais aimé qu'elle m'aimât.

Mais il faut se défier de trouver aux insectes tant d'esprit et de cœur!

Il nous plaît trop d'en rencontrer partout, puisque nous avons même la sottise d'en donner aux tables qui n'ont jamais répondu que des balivernes, et aux montres qui disent l'âge de celui qui les consulte; — on a même voulu me persuader que l'une d'elles poussa l'adresse jusqu'au point de ne jamais répondre à la question d'une femme. Cela me parut être trop intelligent.

Je reviens à ma mouche, si svelte, si mignonne.

J'avais du respect pour sa délicatesse et de l'admiration pour sa forme.

Je la gardais avec un soin extrême.

Pourquoi un jour disparut-elle ?

Souffrit-elle de son esclavage ? Ma chambre, petite pour moi, était pourtant bien assez grande pour elle !

Fut-elle la proie d'une araignée ?

Je ne sais, mais j'eus de sa perte un petit chagrin. C'était la fleur du prisonnier.

Ris si tu veux, Jeanne, la jeunesse est sans pitié.

Qu'est-ce qu'une mouche ? diras-tu.

Ah ! quand on est vieux, chère amie, on laisse vivre même un insecte.

Tout compte à la fin de sa carrière.

MA GALERIE

Outre un long et joli corridor que je possède à l'issue de ma mansarde, et qui m'offre une promenade salutaire quand je suis lasse d'être assise, je possède encore au-dessus du toit de l'hôtel que j'habite une délicieuse galerie.

Là, je plane sur tous les horizons. Je vois tout le Paris qui m'entoure, je découvre des toits et des habitations sans nombre.

Que de choses bonnes et mauvaises, que d'actions vertueuses ou coupables s'accomplissent à l'ombre de ces intérieurs !

Il fut un certain diable qui avait le pouvoir de découvrir dans les demeures les plus secrètes tout ce qu'y s'y passait.

Ce plaisir ne me tenterait pas. N'est-il pas suffisant d'assister au spectacle visible du monde ?

Du coin de ma galerie, je vois les Champs-Élysées.

C'est la vie, c'est le mouvement.

Devant moi se dresse une église russe dont le dôme est paré d'une riche décoration.

Vue à distance, elle fait un assez bon effet.

A ma droite, dans le lointain, sont les buttes Montmartre, au pied desquelles, il y a bien longtemps, la mer s'étalait.

Pauvre Montmartre! tu n'as plus tes charmants moulins, on n'y mange plus de ta galette.

Une immense église se construit à ton sommet!

Ce sera grave, mais ce ne sera jamais si gentil ni si gai que tes moulins!

En face de mon hôtel s'élève majestueusement et carrément l'Arc de Triomphe.

L'Arc de Triomphe! A détruire cette œuvre monumentale et patriotique, les misérables qui ont jeté la colonne Vendôme par terre auraient un peu plus de peine!

Mais c'est au-dessus de ma tête qu'est le vrai spectacle, qu'est le ciel! Voilà qui est vraiment beau! Devant lui, je m'arrête des heures entières.

Je le fixe, je m'en éblouis, je m'en épuise les yeux. Écoute Victor Hugo, il sait en parler :

Parfois, lorsque tout dort, je m'assieds plein de joie
Sous le dôme étoilé qui sur nos fronts flamboie.
J'écoute si d'en haut il tombe quelque bruit,
Et l'heure vainement me frappe de son aile,
Quand je contemple ému cette fête éternelle
Que le ciel rayonnant donne au monde la nuit.

Semblable au poëte, je ne m'occupe plus du temps qui passe, je reste dans l'extase.

Le jour descend, le crépuscule arrive et la nuit est venue que je suis encore là.

D'ordinaire, je ne me rends à ma galerie qu'à l'heure où le soleil se couche, à l'heure où, comme dit Lamartine :

> Le roi brillant du jour, se couchant dans sa gloire,
> Descend avec lenteur de son char de victoire.
>
> . . . .
>
> C'est l'heure où la nature un moment recueillie,
> Entre la nuit qui vient et le jour qui s'enfuit,
> S'adresse au Créateur du jour et de la nuit,
> Et semble lui porter, dans un muet langage,
> De la création le magnifique hommage.

Hier, le ciel était si splendide que je me hâtai d'en prendre l'aspect.

Je m'établis donc, moi et ma boîte à pastel, au bout de ma galerie.

Je travaillais, et j'avais à peine donné les dernières touches à mon dessin qu'une affreuse bourrasque s'élève et tourbillonne sur ma tête et sur les toits ; mais ce fut si subitement, si follement, que dessin, carton et pastels sautèrent dans les airs, voltigèrent et allèrent s'éparpillant au milieu des arbres du jardin voisin.

La pluie survenant, je jugeai le dessin bien perdu, et je trouvai prudent de ne pas courir après.

UN JOUR

Un jour ! un jour ! avoir tout un jour devant soi ! Quelle fortune ! Que de choses dans un jour s'opèrent dans cette immense circulation de vie ! Que de projets conçus et avortés ! que d'espérances perdues et réalisées !

Que d'événements heureux ou terribles vont s'accomplir dans l'ample sein de la nature, dans le sein de la société !

Ah ! celui que ne tourmente ni le chagrin ni la souffrance devrait bien bénir Dieu en se réveillant ; car en se réveillant la vie est bonne.

Courir à sa fenêtre, voir le ciel blanc, gris ou bleu, n'est-ce pas déjà un premier plaisir ? S'il fallait payer pour voir le ciel, que de gens indifférents deviendraient curieux ; moi, je n'ai pas besoin qu'il soit gratis pour l'admirer.

Se baigner la figure d'eau claire, faire entrer l'air pur du dehors à pleine volée, quelle joie !

Puis on vaque à ses petites affaires et, tout en allant et venant, l'on soupire quand on a le cœur triste, on chante quand on a le cœur gai.

Et tout cela s'appelle la vie.

La journée s'avance, il est midi, heure délicieuse où l'on se réunit à ses amis ;

Heure excellente où l'on déjeune avec plaisir, surtout quand l'appétit est en fête.

Malheureusement, je suis un peu comme mon vieil invalide : « Les jambes, dit-il, ça va encore ; c'est l'ap'tit qui ne va pas. »

C'est égal, je trouve à ces réunions de bonnes causeries. On discourt, on rit, on gémit ensemble d'un malheur arrivé. On s'attendrit sur une belle action, on apprend toutes sortes de choses : on dit ce qu'on sait ; on se surprend même à dire ce qu'on ne sait pas.

N'est-ce pas là encore de la vie ?

On sort de table, on est dehors ; on s'arrête devant les vitrines des marchands d'objets d'art ou de tableaux, devant celles des bouquinistes.

Le seul aspect d'un livre a pour moi tant d'attrait !

Que de séductions ! Mais, comme dit mon frère :

> Qui ne sait borner ses désirs,
> Empoisonne toute sa vie,
> Et des noirs soucis de l'envie
> Fait l'escorte de ses plaisirs.

En admirant ces trésors, je t'assure pourtant, Jeanne, que je ne regrette pas de ne point les posséder. Il me semble qu'ils m'appartiennent.

« Celui-là seul est vraiment sage, dit encore le poëte,

> Qui de sa part rend grâce à Dieu,
> Et comme il est content de peu,
> Tous les biens lui sont en partage.

Sans compter que ces braves marchands, propriétaires de tant de merveilles, ont tous l'obligeance de varier leur étalage à l'infini.

L'un m'offre un tableau de Rousseau qui me captive, quand la veille il m'a laissée m'extasier sur un Corot.

Pauvre et bon Corot ! ah ! tu étais encore plus poëte que peintre, car devant tes œuvres on reste toujours charmé.

Un autre jour, ce sera un croquis de Charlet qui me fera penser, qui m'attendrira.

Le lendemain, je verrai un Henri Monnier qui me fera rire.

Balzac a bien raison :

« Flâner, c'est vivre. »

C'est donc au travers de ses occupations utiles et de ses flâneries qu'on rentre chez soi.

On a accompli sa tâche et l'on a butiné des petits bonheurs tout le long du chemin. Et la quantité en est incommensurable !

Sais-tu, Jeanne, pourquoi on les dédaigne, ces bonheurs? C'est parce qu'ils sont petits, parce qu'ils sont humbles et modestes.

Mais qu'y a-t-il donc de plus vrai et de plus sûr sur la terre que les petits bonheurs?

MADEMOISELLE ***

J'ai rencontré autrefois dans le monde, et j'avais même un peu connu une femme qu'on disait spirituelle.

Elle amusait, elle plaisait : c'était tout le secret de son esprit.

Quand on l'avait étudiée, on trouvait en elle une âme à fleur de terre, un cœur à petit jet de flamme, un égoïsme à longue portée.

Elle reconnaissait volontiers un Dieu quand elle n'avait pas la migraine (et elle l'avait souvent); son catharre en fit une incrédule; rendue à la santé, cette pauvre fille eût été certainement une croyante suffisante ; seulement elle eût aimé Dieu au travers d'elle-même.

Au demeurant, douce et inoffensive.

Mais la bonne opinion qu'elle avait d'elle et de son mérite l'enivrait à ce point qu'en cette matière elle ne voyait pas plus clair en son jugement qu'un âne à la naissance de sa queue.

Mlle *** était bonne fille, tout en recherchant

avec avidité le plaisir, la chanson, la comédie et toutes ses petites commodités.

Son âge, qui l'a jamais su? Pouvait-elle en avoir un?

Quand elle quitta la France pour aller amasser de quoi vivre, elle était déjà vieille. Sa bourse s'était vidée plus de fois qu'elle ne s'était emplie, hélas!...

Enfin, après un long voyage et des malheurs sans nombre, pauvre et très-vieille alors, traînant l'aile et tirant la patte, demi-morte et demi-boiteuse, droit à mon logis elle s'en vint.

— Je vous demande, me dit-elle, pour me reposer et chercher un gîte, huit jours d'hospitalité.

— Volontiers, lui répondis-je en lui ouvrant les bras de mon fauteuil et lui offrant un repas réconfortant? Cependant, ajoutai-je, je ne pourrais pas vous garder plus longtemps.

Mais je ne sais comment cela se fit. Peu à peu ses pieds prirent racine, insensiblement ses mains remplacèrent les miennes, ses habitudes s'établirent doucement, et sa santé devint si traitable, que, au lieu de huit jours, elle trouva tout naturellement le moyen de rester huit ans dans mon intérieur.

MON FRÈRE

Je reviens de chez mon frère, de chez mon frère bien-aimé. Hélas ! je le vois à peine, tant on est débandé dans ce siècle de rapides et incessantes affaires, dans ce siècle où tout marche à la vapeur.

Nous nous embrassons quand nous pouvons, et nous nous aimons sans avoir bien souvent le temps de nous le dire.

Oh ! oui, nous nous aimons. Il faudrait le sentir pour le comprendre...

Mais il était chagrin... Il revenait d'un enterrement... Sa tristesse m'a gagnée...

— La vie pour les plus forts, me dit-il, est quelquefois bien lourde à porter...

Cher frère ! lui si bon, si tendre, si sincère !

Lui dont j'ai entendu le premier cri quand il vint au monde !

Lui que j'ai bercé si souvent !

Embrassé tant de fois !

Lui que, dans son enfance, j'amusais si bien par des contes que j'inventais. Oh ! ce n'étaient pas des contes à dormir debout.

— Encore !... encore !... me disait-il en me prenant la figure dans ses petites mains... Encore !... encore !...

J'étais à bout d'haleine et d'invention...

Je n'avais pas le temps de respirer.

Comment ne l'aimerais-je pas, mon Dieu ! ce cher frère que vous m'avez donné ?

Ce frère dont la vie n'est qu'un long dévouement à la famille et à l'amitié.

Ce frère dont toutes les œuvres honnêtes sont empreintes d'un amour vrai et d'une poésie intime qui déborde de son cœur.

Oh ! oui, je l'aime avec cette force d'âme qui me rend tout de feu quand il s'agit de lui.

En le quittant, la pluie me prit ; j'entrai sous une porte où se trouvait un grand chien de belle race. Son maître n'était pas près de lui.

Il avait l'air aussi triste que moi.

Je lui parlai, je le caressai longtemps.

Il ne détourna seulement pas la tête.

La pluie cesse, je me retire, mais au bout de trente pas le chien me rejoint. Il s'était souvenu de mes témoignages de sympathie.

D'un seul coup de langue, il me lèche la main, me regarde et s'en retourne sans faire un geste de plus.

C'était une pensée de gratitude.

Il y avait eu de l'homme dans l'attitude distraite de ce chien, car, tout le temps que je passai près de lui, il conserva une gravité humaine que je n'aurais jamais soupçonnée chez une bête.

Il y avait aussi dans son cœur de la reconnaissance, comme tu vois.

Il est vrai que c'était un chien.

MÉLANCOLIE

Je suis gaie pourtant, tu le sais, Jeanne.

Pourquoi donc mon ciel est-il si souvent chargé de nuages?

Pourquoi ces brouillards qui m'enveloppent me donnent-ils une sorte de prostration ?

Dans ces moments-là, je me sens lasse de penser et de me souvenir. Une tristesse indéfinissable et sans cause m'envahit. Nulle chose ne me touche.

Hélas ! je sens ma pauvre âme suivre le corps dans son affaissement. Et l'esprit, qui n'est que le valet de l'âme, n'a pas plus de puissance que sa maîtresse.

Tous m'abandonnent.

Ma mélancolie est alors à son comble.

Quand ces accès me prennent, j'attends, je laisse couler les heures ; et, en attendant que mon beau ciel soit revenu, je me confie au lendemain ; puis je stimule ma pensée, si elle est trop lente à revenir.

Je lis, je cherche, pour raviver mon esprit, l'esprit et le bon sens de Voltaire ; quand je veux provoquer le franc rire et les saines idées, c'est Molière qui s'en charge. Je lis Lamartine quand il me plaît d'être bercée ; mais c'est surtout saint François de Sales ou Nicole que je consulte quand il est nécessaire de relever mon âme au contact de leur philosophie et de leur haute piété.

Ah ! quand l'esprit se trouve chez un penseur profond et austère comme Pascal, quand il se trouve sous la douce plume d'un Fénelon. ou même sous celle de notre charmant La Fontaine...

Qu'y a-t-il de plus réconfortant ?

N'y aurait-il point de honte à rester sourd à leurs voix ?

FRAGILITÉ

Je ne sais si tu es comme moi, Jeanne, mais je n'ai jamais tant de philosophie que quand je n'en ai pas besoin.

Lorsque je suis heureuse, que ma santé est verdoyante, oh ! alors il me semble que je serais capable de tout supporter.

Je me sens de force à traverser toutes les douleurs, à tout affronter.

Je croirais possible un voyage dans la lune.

Vient-il un éclair, la menace d'un grand chagrin? toutes mes facultés sont en désarroi, mon esprit est troublé et mon courage est emporté par le vent.

Je ne manque pourtant pas d'énergie.

Comment donc se fait-il que je sois si vite renversée?

Ce doit être une question d'équilibre.

Les âmes fortes ont la puissance de le conserver au milieu même des souffrances et des douleurs.

Moi, quand ma santé est en bas, mon intelligence n'est jamais en haut, et mes résolutions sont en pleine déroute.

Quelquefois je me rattrape, mais ce n'est pas sans peine que je retrouve mon centre de gravité.

Hélas ! nous croyons quelquefois que la vie nous a été donnée gratis : non, non. C'est un présent qui est splendide, mais qui coûte.

Il faut la payer, et souvent même assez cher.

Ce sont tous les jours des tristesses à combattre, des mouvements d'humeur à refouler, des réflexions à congédier, car toutes ne sont pas bonnes.

O fragilité humaine, que Dieu a bien fait de te

donner au monde comme contre-poids à notre orgueil !

MON PÈRE

Mon père, par la délicatesse de ses goûts et de ses habitudes, par la variété et la quantité de ses occupations, par l'effroi qu'il avait de la solitude, absorbait et confisquait un peu la vie de ceux qui l'entouraient.

Mais s'il prenait le capital, à quels gros intérêts il le payait !

Quel charme infini dans ses causeries ! Quelle grâce dans son esprit ! Quelle instruction dans son commerce !

C'était tout bonheur de rester près de lui.

Pauvre père ! il lui fallait absolument le feu et le contact de la société ; il avait besoin d'une vivante compagnie.

Faible et délicat, tout en lui était frileux jusqu'à l'esprit.

Oui, mon père était spirituel. Il disait toutes choses plaisamment et les assaisonnait encore de ce sel gaulois qu'il possédait. Mais s'il avait l'esprit gai, il avait l'âme triste.

S'il nous amusait toujours, moi, je le consolais souvent.

Je ne sais s'il a emporté mes consolations, mais moi je garde le souvenir de son charmant esprit et de la bonté de son cœur.

C'est lui, ce pauvre père, qui, sentant ses forces décliner, me disait. peu de jours avant de mourir :

—Ah! ma fille, je souffre depuis longtemps déjà d'un rhumatisme littéraire. Je ne peux plus travailler. Hélas ! je m'en irai bien sûr avant d'avoir déballé toute ma marchandise.

Il ne disait que trop vrai.

C'est mon père qui trouva plaisant de définir ainsi les âges :

De 10 ans à 20 ans, on n'est pas fait.
De 20 « à 30 « on est parfait.
De 30 « à 40 « on est surfait.
De 40 « à 50 « on est fait.
De 50 « à 60 « on se refait.
De 60 « à 70 « on se défait.

> De 70 ans à 80 ans, on est défait.
> De 80 « à 100 « c'en est plus ou moins fait.

Ce cher père avait servi sous le premier empereur et l'avait suivi jusqu'à la retraite de Moscou. C'est au milieu de cette cruelle déroute qu'il fut trouvé dans un fossé pieds et poings gelés.

Pour se consoler de ses infortunes et se reprendre au monde et à sa famille, il prit la plume, les pinceaux, fit de bons livres et de délicieux chefs-d'œuvre.

Trop épris peut-être de la grandeur de Napoléon Ier, en revanche, il ne goûtait guère son neveu.

Te souviens-tu du soir, chère Jeanne, où, à propos de ton anniversaire, il improvisa ces vers :

> L'Empire et toi, ma Jeanneton,
> Vous êtes nés sous une même aurore.
> Le même jour vous vit éclore,
> Mais, sous la chaleur d'un rayon,
> Si la nature trop féconde,
> Fit naître en notre pauvre monde
> Le tigre à côté du mouton,
> Et la rose auprès du chardon,
> Pourquoi nous plaindre de la chose,

> Tant qu'il nous restera la rose
> Et le mouton si bon ?...

Que mon père me pardonne de consigner ici des vers qu'il eût appelés méchants de toutes les manières.

Mais tu me remercieras de te parler de ton pauvre grand-père, qui t'aimait jusqu'à en perdre l'esprit.

UN ANNIVERSAIRE

Il est des jours consacrés aux larmes. Ce sont ceux des tristes anniversaires.

Celui qui revient aujourd'hui me rappelle trop vivement, hélas! le moment précis de la mort de mon pauvre père.

Tout ce qui précéda et suivit son dernier soupir est aussi vivant dans mon cœur que si je venais de lui faire mes derniers adieux.

Hélas! lui ne put pas me faire les siens.

L'esprit était parti avant le corps.

Mon frère vint avec moi pleurer sur sa tombe, sur cette tombe où M. Cuvillier-Fleury prononça un si touchant discours.

Nous étions au milieu de ce petit cimetière de campagne où déjà bien des nôtres ont pris leurs places. Il semble qu'ils soient en plus douce paix que dans les cimetières des grandes villes.

Je voudrais, chère Jeanne, que tu prisses, dès à présent, l'habitude d'enregistrer le nom de ceux que tu perds.

Non qu'il faille souvent penser à la mort. Il faut penser à la vie qui reste et qu'il importe de rendre bonne et utile.

Moi, depuis longtemps je possède un petit livre où j'inscris, à la date de leurs morts, les amis que j'ai perdus.

C'est la liste, la longue liste de mes chers défunts.

J'y ai classé depuis, par ordre, les noms de ceux que j'ai beaucoup aimés, ceux qui furent bons, et ma liste descend jusqu'aux indifférents que j'ai connus, mais dont toutefois j'ai serré la main.

Tu ne saurais croire, Jeanne, quel intérêt me

ramène toujours près de ce carnet, et que de pensées se soulèvent devant ces noms.

Le nom d'ailleurs rappelle si vite les traits des personnes que nous chérissons !

Ce sont des ombres qui restent, si tu veux, mais ces ombres ont vécu. Ces ombres ont parlé. Ces amis m'ont pressée sur leurs cœurs.

Et leurs cœurs battaient à l'unisson du mien.

Oui, mes bien-aimés, je reviendrai souvent près de vous.

Je viendrai puiser près de votre vie passée des exemples de courage et de sagesse ; car je serais indigne de vous revoir au ciel, si je ne cherchais à devenir digne de vous sur la terre.

MA TANTE

Tu sais, chère Jeanne, que j'ai une tante, tu sais qu'elle est gaie, aimable ; mais tu ne sais pas combien elle est bonne !

Tu ne sais pas non plus que Dieu l'a mise certainement à mes côtés avec le dessein de doubler ma vie et de rompre un peu la solitude que je trouvais dans ma retraite de Sceaux que j'habite déjà depuis longtemps.

C'est quelque chose que d'avoir une oreille toujours prête à écouter, si ce n'est à tout comprendre.

Si nos causeries languissent parfois, si nos entretiens sont courts et peu animés, je sens qu'il est utile d'avoir un témoin familier de nos œuvres, devant lequel on puisse sans crainte ôter son bonnet et déshabiller son esprit.

Rien n'inquiète dans ce commerce intime.

Mais j'ai encore trouvé mieux que cela.

Ma tante est pour moi un grand sujet d'étude et d'observation.

Il est vraiment curieux de voir ce qui peut jaillir du choc de deux âmes humaines.

Celles qui sont divines montent sans nuages dans un ciel toujours pur; mais ce qui est amusant, et ce qu'il ne faut pas oublier, c'est que ma tante et moi nous marchons sur la terre.

Eh bien! ma chère compagne, douce jusqu'à l'excès, tient avec tendresse à ses petits défauts.

Elle y tient plus qu'à ses grandes qualités. Elle y tient comme une mère aveugle tient à ses enfants maussades. Pour eux les éloges, les gâteries sans nombre.

Il est vrai que ses défauts sont si mignons !

Ses réflexions sur Dieu et sur la nature me plaisent parce qu'elles partent d'un cœur innocent et naïf.

Comme son esprit n'a pas besoin d'immenses lumières, tout reste chez elle à l'état d'impressions et d'expressions enfantines.

Pourquoi saurait-elle plus que sa grand'mère, qui ne savait pas grand'chose?

Pourquoi faire avancer les gens quand ils sont bien où ils sont?

Elle est plus logique qu'on ne pense, ma chère tante.

Quelquefois je voulus raisonner, mais j'avais tort. Comme Goldsmith, l'auteur du *Vicaire de Wakefield*, ma tante s'embarrasse vite quand elle parle.

— C'est étrange ! dit-elle avec candeur ; quand je discute avec toi, j'ai toujours le dessous, puis, quand je suis en face de moi, j'ai toujours raison.

Une des singularités de son caractère, quand elle se trouve en faute (et cela est bien rare), c'est de me chercher querelle ; mais elle le fait si sérieusement, si drôlement, que je me mets à rire.

Alors ma tante se fâche.

Veux-tu savoir comment elle entend la liberté ?

— Tu veux aller à droite ? me dit ma tante ; eh bien ! moi, je veux aller à gauche, et tu m'accompagneras.

« Tu voudrais manger du bœuf ? tu auras du veau. J'ai pour cela mes raisons. »

Si encore elle n'affirmait pas que je suis absolument libre !

Ma tante a une charmante petite horloge.

— Quelle heure est-il ? lui demandais-je ce matin.

— Pourquoi vouloir l'heure ? dit-elle ; moi, je n'en ai jamais besoin. Quand il fait jour, je me lève ; quand j'ai faim, je mange ; quand j'ai sommeil, je me couche.

— Alors, pourquoi m'as-tu demandé cette horloge?

— C'est pour son bruit. Son tic-tac et sa sonnerie m'amusent. La nuit, elle me tient compagnie...

Chère tante ! elle est plus sage qu'elle ne pense.

Ah ! je n'atteindrai jamais à la simplicité de sa philosophie !

MA FÊTE

Ma véritable fête, chère Jeanne, c'est le jour qui vit naître mon frère ; c'est le seul jour où je chante, c'est le 8 mars.

Je pourrais aussi chanter le printemps, et dire avec le poëte :

O nature immortelle et toujours rajeunie,
Ton printemps te revient et tu renais encor ;
Et tu répands sur tout l'inépuisable vie,
La lumière, l'azur et l'air, la pourpre et l'or.

Celui qui a écrit ces vers ne les aurait certainement pas pensés le 8 mars de cette année. Pauvre frère! le soleil ne lui a pas fait de compliments.

Quel temps! que de rafales épouvantables!

Les nuages, heureusement pour moi, se secouent de telle sorte que l'aspect du ciel est rempli de magnificence.

C'est un continuel changement de décoration.

Je ne sors pas de ma croisée, j'admire.

Mais la nature soupire, la pluie impitoyable a inondé nos chemins...

Quand donc viendra du sud un vent tiède et doux qui caressera la terre? quand donc l'heure du renouveau sonnera-t-elle?

Petits bourgeons du lilas, petites pousses du seringat, charmantes pâquerettes à queues flexibles, écartant l'herbe doucement, quand donc vous verra-t-on?

Les violettes ne parfument pas encore nos sentiers, où nul pied d'ailleurs n'oserait s'aventurer.

Seuls, les arbres fruitiers, dont un hiver trop clément a hâté la floraison, se sont dépêchés de fleurir.

Ils ne s'attendaient pas aux cruelles déceptions de la gelée.

Il fait un froid de loup.

Un rayon de soleil brille seul au travers de la pluie.

La pluie tombe poussée par le vent qui la chasse.

Voici qu'il neige; le vent secoue la neige comme il a secoué la pluie, le soleil éperdu ne sait où se montrer.

N'importe! sous nos manteaux, célébrons le printemps qui vient.

Il faut savoir se souvenir et espérer. Il faut savoir attendre.

Oh! mon cher printemps, ne te fâche pas des impatiences du monde!

Je ne serai pas ingrate envers toi.

Trop de fois tu m'es revenu charmant. Que de jouissances et de vrais plaisirs tu m'as apportés! Je ne les oublierai certainement pas.

Si mars est mauvais, avril sera sans doute plus clément; si avril nous refuse ses riantes journées, il faudra bien que le gentil mois de mai nous parle de ton arrivée.

Je sais que tu es là, près de moi. Cette idée me réchauffe.

Les grands arbres d'ailleurs ne peuvent pas rester dépouillés. De toute nécessité, tu les habilleras.

Le poirier qui est en face de ma fenêtre ne doit-il pas assurément me cacher bientôt l'affreuse grange qui est derrière?

Jeanne, as-tu souvent vu dans les nuages des formes étranges apparaître, puis se déformer à vue d'œil?

As-tu remarqué dans le marbre ou dans la racine du buis des visages bizarres? Le hasard les y a dessinés, ils y resteront; mais dans ce poirier dont je te parle, ma bonne vieille tante a trouvé moyen, au milieu du jeu des feuilles, de remarquer ma tête et sa pose habituelle.

Qu'il vente, qu'il pleuve, c'en est fait : ma tante la verra toujours, elle la verra quand même!

Et son idée est si persistante que, malgré les pousses nouvelles qui devraient offrir d'autres combinaisons, voilà plus de six ans qu'elle retrouve ma tête.

Et ce qu'il y a de plus fort, c'est qu'elle me voit tenant un livre à la main.

Or ma tante est sincère.

Étonnez-vous donc de la puissance des idées fixes, et de la volonté qu'on apporte à vouloir voir un objet !

Ça n'y est pas, mais ça y est.

MON SAC

Si j'étais faible, je croirais que ma demeure est hantée par des lutins.

Tu ne t'imagines pas, Jeanne, de combien de sourdes taquineries je me croirais l'objet.

Comment expliquer, par exemple, que, ma porte bien fermée et la clef dans ma poche, je trouve à mon retour une lettre à mon adresse, qui n'y était certainement pas quand je suis partie ?

Comment mon vieux fablier de La Fontaine, toujours présent sur ma table, et laissé ouvert la veille au soir, a-t-il pu disparaître dans la nuit?

Comment des ciseaux que je tenais tout à l'heure, qui me crevaient les yeux, sont-ils depuis une heure tout à fait introuvables?

Comment des amies de vingt ans, comme des étoiles qui filent, glissent-elles de devant mon cœur sans que j'en connaisse la cause?

Pourquoi aussi, quand je sème des pois dans mon jardin, pousse-t-il des haricots? Je ne sais comment ces choses arrivent, mais voilà de quelle façon je me tire de ces questions et de ces surprises.

J'ai un sac, un vrai sac, toujours à mes côtés, toujours ouvert.

Quand une recherche est infructueuse, qu'elle dure trop longtemps, j'ouvre mon sac.

Quand une pensée s'offre à mon intelligence sans que je puisse me l'expliquer, j'ouvre mon sac.

Quand un spectacle inattendu trouble ma raison, j'ouvre mon sac.

Quand un problème insoluble vient se poser devant moi et me demande trop d'efforts, j'ouvre

mon sac et j'y jette toutes ces incompréhensibi-
lités.

Je suis déterminée à ne point me casser la tête
contre les petits événements dont le hasard seul
doit être le père, ou dont mon manque de per-
spicacité doit être nécessairement la cause.

Ah! combien d'interrogations plus graves s'é-
chappent de mon esprit! Combien de doutes s'é-
lèvent dans mon cœur!

Mais, si je ne les précipitais pas au fond de mon
sac, que deviendrai-je?

Acceptons donc de bonne grâce ce qui nous
surprend, ce qui ne nous est pas démontré.
Attendons la lumière.

Et surtout n'oublions pas notre sac.

JE REPRENDS MON SAC

Tu te souviens, Jeanne, des deux girouettes
qu'on voit de ma fenêtre de la rue Matignon.

Girouettes si gentilles, si lestes à se mou-
voir, si près l'une de l'autre et si ressemblantes

qu'on les prendrait pour deux enfants jumeaux !

Tu te souviens de ce que je t'ai raconté de leurs attitudes si variées, si drôles. A titre de girouettes, elles devraient tourner dans la direction du vent et nous instruire de ce qui se passe autour d'elles. Eh bien ! pas du tout.

Ce matin, je venais comme de coutume leur dire bonjour, quand je les vis nez à nez et ne bougeant ni plus ni moins que deux piquets.

—Ce n'est pas dans l'ordre ! m'écriai-je ; pourquoi se contredisent-elles ?

Le vent, qui connaît son affaire, tout en obéissant à une première impulsion, a le droit de marcher à sa fantaisie et selon son humeur.

L'air mis en mouvement peut voltiger, courir, culbuter tout ce qui se présente.

Qu'il soit zéphyr ou trombe, il poursuit sa route et fait tourner les girouettes, qui, réunies, devraient offrir l'image d'une armée de capucins de cartes.

Mais, quand le vent change, tous les capucins devraient avec lui tourner la tête.

C'est le contraire que je vis.

L'un de mes tuyaux était poussé par le vent d'ouest.

C'était précisément le plus grand, celui que j'appelle le monsieur.

L'autre, la demoiselle, indiquait imperturbablement un vent d'est.

Que croire?

Vers quelle girouette espérer le beau temps ou craindre la pluie?

O girouettes, mes mies! vous êtes charmantes avec vos airs boudeurs et vos révérences.

Mais vous ne m'apprenez rien du tout.

L'HUMEUR

Sais-tu, chère Jeanne, qu'un des obstacles qui s'opposent le plus à notre bonheur, et surtout à celui de ceux qui nous entourent, c'est l'humeur?

Les femmes, plus impressionnables que les hommes, y sont fort sujettes.

Cette réflexion me vint ces jours derniers en voyant une femme que je connais, excellente

d'ailleurs, rendre son mari excessivement malheureux.

Or la dame, ayant vieilli dans son ménage,
avait dû le faire souffrir longtemps.

Et quand le mari souffre, le ménage ne se porte
pas bien.

Une colère peut être légitime, sainte même.

Mais as-tu jamais entendu parler d'une sainte
humeur.

L'humeur est une disposition de nos nerfs à se
soulever au moindre contact d'une contrariété,
d'une observation maladroite ou non, d'une réci-
dive insignifiante.

Un humoriste n'a pas toujours de l'humeur.
L'état de son esprit est d'être triste, boudeur,
frondeur ; on ne saurait qu'y faire. — Mais on
peut gouverner l'humeur qui prend naissance
dans un mauvais caractère.

J'aurais voulu que tu visses l'autre jour Mme C...
Elle revenait d'une matinée. Quoique fort peu

jolie, elle avait dépensé dans le monde tant de grâce, tant d'enjouement, que sa figure en avait conservé je ne sais quoi d'aimable.

Les servantes s'approchent. Comme la maison était soigneusement tenue, les ordres scrupuleusement exécutés, tout alla bien.

Mais bientôt, sur une bagatelle, l'humeur se lève.

On heurte madame, on marche sur sa queue, l'humeur redouble.

La femme de chambre, grondée sans mesure, réplique avec impertinence :

— Eh ! madame, si vous n'aviez pas de queue, on ne marcherait pas dessus.

Un verre se brise, il y a explosion, l'humeur devient féroce.

La maîtresse de la maison est laide à faire peur, et la servante est renvoyée.

Une visite survient.

— Bonjour, ma chère, dit-on du plus charmant sourire.

On cause, on rit, on médit du prochain, et la bonne humeur est revenue.

Le commerce avec ces gens-là ressemble à de vraies giboulées de mars :

Neige, vent, froid, — puis soleil.

Mais le soleil ne raccommode pas toujours tout ; il reste des bourgeons gelés ; il en est même qui restent cassés.

Mon Dieu ! qu'est-ce qu'une robe déchirée, un verre brisé, en comparaison de la paix intérieure ? Qu'est-ce qu'une contrariété refoulée, quand cet effort prévient la guerre ?

Dès l'apparition de l'humeur, mon Dieu ! que ne met-on les pieds dessus !

SOBRIÉTÉ

O sobriété, je t'implore ! Va, je t'estime assez pour que tu daignes m'absoudre quand j'enfreins tes lois.

Toi qui maintiens l'intégrité de nos organes, fais que, par ton secours, nul d'entre eux n'altère désormais en moi les fonctions sublimes de l'intelligence !

Hélas ! pour t'avoir négligée un moment,

pour avoir soupé hier un peu plus que de coutume, ma plume s'est tout alourdie!

O sobriété, pardonne-moi!

Rends-moi la légèreté d'esprit que j'ai perdue en te quittant.

Hélas! je voulais, aujourd'hui même, peindre les jouissances que donne la frugalité, et les vertus de la tempérance. Comment m'y prendrais-je?

Pourrais-je sans rougir parler à présent de la sagesse?

Me serait-il possible, au moment où je t'écris, chère Jeanne, de faire un sermon, ne fût-il qu'en un seul point? Aurais-je la faculté de parler en prose ou en vers?

D'ailleurs, même à jeun, la rime chez moi ne coule pas de source; et la source elle-même n'en est pas riche.

Ce n'est pas comme le bon abbé Régnier qui, à plus de quatre-vingts ans, disait encore :

> Maintenant, grâce à mon grand âge,
> Et grâce à la droite raison,
> Qui ne luit jamais davantage
> Que dans notre arrière-saison;

> Exempt de crainte, exempt d'envie,
> Satisfait d'un modique bien,
> Libre et n'aspirant plus à rien,
> Je commence à goûter la vie.

Je commence est joli. Et cela est vrai pourtant...

O bon abbé, vous étiez plus sobre que moi quand vous avez composé ces vers, le dernier surtout... car vous avez fait un charmant éloge de la vieillesse.

LES PAUVRES

Une aumône quelconque porte toujours avec elle un sentiment qui nous honore. Ce sentiment, tu le connais, Jeanne, car tu es généreuse.

Mais, le plus souvent, nous satisfaisons sans réfléchir à un mouvement du cœur ou à un attrait de l'imagination.

Un mendiant nous invite à l'aumône, et nous donnons. Un autre nous déplaît, et nous passons. On est pressé, on a froid, on croit n'avoir pas de menue monnaie, et l'on passe encore. On est

tendre, et l'on a toutefois des moments de sé-
cheresse.

Il y aurait une étude à faire sûr la manière dont
se fait l'aumône. — On n'a pas toujours le temps
de discerner le vrai pauvre, et c'est fâcheux ; car
nos bienfaits, quand ils sont mal placés, se font
certainement aux dépens de celui qui a véritablement faim, de celui qui ne peut pas gagner sa
vie ; c'est aux dépens d'une mère de famille sans
ressources, etc...

Quelle différence existe pourtant entre un
homme pauvre et un mendiant !...

Quelle distance entre une misère cachée, discrète, et celle qui s'étale au grand jour ; entre le
malheureux qui souffre en silence, et l'intrigant
qui, sans honte, et sous un masque hypocrite,
pénètre chez des inconnus !

Je sais maintenant, lorsqu'une triste créature
en est venue à tendre la main, qu'elle en a pris
l'habitude, ce que cette main tendue devient...

Elle devient souvent un métier très-lucratif.

Je sais aussi tout ce que, d'ordinaire, les hail-
lons couvrent de paresse et d'ivrognerie...

6

Et ce que les habitudes de la misère donnent d'indifférence à des privations qui nous sembleraient cruelles à supporter...

Je sais surtout quelle duplicité règne chez la plupart des vagabonds et des mendiants.

Deux aveugles se parlaient en entrant dans une cour.

Une dispute s'engage. J'écoute.

J'entends dire à l'un :

— C'est à moi de rester ici.

— Pourquoi donc? dit l'autre.

— Parce que je suis plus aveugle que toi.

— Toi! allons donc! Tu sais bien, entre nous, que tu n'es pas aveugle du tout.

Ah! je sais trop de choses !

Hélas ! faut-il, parce que le grand nombre des pauvres est mauvais, qu'on craigne toujours de livrer son cœur?

Cependant on ne peut pas être dupe de tout le genre humain.

Il y a l'exception qui doit plaider en faveur de la pitié.

Prenons garde seulementt que notre aumône ne serve à encourager le vice. Nous en deviendrions responsables.

Ne prêtons qu'avec précaution, qu'avec un grand discernement. On ne sait pas même bien souvent si l'on rend un service ou si l'on accélère une chute.

L'argent ! l'argent ! dit Molière :

L'argent dans une bourse entre agréablement ;
Mais le moment venu que nous devons le rendre,
C'est lors que les douleurs commencent à nous prendre.

Oui, malgré la voix de son cœur, il faut se tenir un peu sur la défensive.

Tâchons que la raison reste dans l'un des plateaux de la balance.

Tâchons ! mais allons toujours, chère Jeanne, du côté où penche la charité.

UNE DANSEUSE

Le difficile en ce monde n'est pas de savoir ce qui nous convient, mais ce à quoi nous convenons.

La constitution faible et maladive d'une jeune fille de ma connaissance, étudiée par un habile médecin, fut cause de sa destinée.

Il fallait choisir entre la mort, un mari ou la danse.

Comme elle n'avait alors aucune vocation pour un mariage improvisé, et qu'elle voulait vivre, il fallut bien danser. La danse ne lui plaisait pas, mais elle convenait à la danse. Elle était gracieuse et jolie.

Elle dansa vingt ans avec succès; elle dansa sans aimer la danse, elle dansa pour ne point mourir, pour ne point se marier à l'étourdie.

Par malheur, elle ne recueillit de ses triomphes et de ses jolis pas que des couronnes et des flatteurs.

Elle était sage, et sa vertu ne lui amena pas même un mari sortable.

O Brutus, tu ne fus pas le seul à t'écrier que la vertu n'est qu'un nom !

Cette jeune fille, qui n'était pas plus forte que Brutus, en disait autant.

Cependant elle ne détestait pas les lauriers ; mais les lauriers d'une danseuse passent vite. C'est tout au plus s'il lui en resta une feuille.

Parvenue à l'âge où l'on ne danse plus qu'en rêve, sans ressources, et presque sans famille, elle prit sérieusement le parti de se marier.

Et puis les robes de gaze étaient devenues des chiffons, les paillettes se perdaient, les bouquets fanés n'étaient plus qu'un encombrement.

Le souvenir même des splendeurs passées s'éclipsait.

Il était temps de s'établir.

D'ailleurs, quoique encore assez jolie, son miroir lui disait : Prenez vite un mari.

Je ne sais quel ennui le lui disait aussi.

L'ennui vient aisément au cœur d'une danseuse qui ne danse plus.

Un voisin, un descendant des sages de la Grèce,

6.

un ancien berger, natif des montagnes de la Suisse, cligna de l'œil notre danseuse.

Il avait du goût.

En vrai philosophe, le voisin faisait lui-même sa cuisine, et la faisait bonne... quand il n'était pas distrait.

Était-ce malice ou séduction? Comment se faisait-il que les émanations d'un bon potage, celles plus succulentes d'un rôti et l'arome du café que la voisine aimait arrivaient juste à son nez précisément à l'heure où elle préparait ses repas.

—Mon Dieu! disait-elle alors, mais mon voisin n'est vraiment pas mal. Il est jeune encore; ses manières sont de la dernière délicatesse. Ce doit être un honnête homme... Il est considéré partout et possède quelque bien... Et ne dirait-on pas qu'il me regarde avec plaisir?...

« Il a de l'ordre, de l'économie; il sait faire la cuisine, quoiqu'il lui arrive souvent d'oublier ce qu'il a mis sur le feu...

« Ah! s'il avait une compagne, comme cela irait bien! A lui et à moi, quel joli petit ménage nous ferions! Comme nous serions heureux!... »

Je ne sais pas comment cela se fit, mais toutes ces pensées, conçues dans l'ombre, parvinrent au cœur de l'ex-berger.

Ils s'aimèrent... Je fus de la noce.

Et ce mariage, accompli dans une saison tardive, offre aujourd'hui le spectacle d'un automne perpétuel.

Ils se convenaient.

UN MÉNAGE

Je veux aujourd'hui, chère Jeanne, te donner encore le spectacle d'une union telle qu'il y en a trop peu dans le monde.

Une petite marchande attachée à notre famille, que ton père et que ton grand-père ont connue, était devenue veuve. Il y a de cela plus de vingt ans.

Pauvre, maigre, et déjà âgée, elle fut recherchée de nouveau en mariage par un jeune ouvrier robuste, de bonne mine, de bonne réputation et gagnant bien sa vie.

Elle refusa. — Sans enfants d'ailleurs, son parti était pris de rester veuve.

Un an se passe. Le prétendant revient.

A cette seconde déclaration, elle oppose l'impossibilité de s'unir à un homme trop au-dessus d'elle par le langage, les habitudes, la jeunesse et les avantages physiques. Elle lui en démontre le ridicule.

— Vous ne voulez pas, lui dit l'amoureux. Eh bien ! vous réfléchirez. Je reviendrai.

Et, de fait, l'année n'était pas expirée qu'il la suppliait de l'agréer, et de comprendre enfin qu'il l'épousait uniquement pour ses qualités, pour l'élévation de son caractère, pour la bonté de son cœur :

—Non-seulement, lui disait-il, mon bonheur est attaché à ce mariage, mais je serais le plus malheureux des hommes s'il ne s'accomplissait pas.

Tant de persévérance la toucha. Elle consentit.

Voici donc bientôt vingt ans que je suis des yeux ce singulier ménage ; je l'observe, j'aime ces deux époux, et je les attire chez moi.

Eh bien ! Jeanne, ceci est à la lettre, je n'ai jamais vu d'union plus assortie par l'humeur, par les qualités de l'âme; je n'ai jamais vu plus d'harmonie régner entre deux personnes aussi dissemblables en apparence; je n'ai jamais vu pousser si loin l'extrême délicatesse des sentiments et des procédés.

Tous deux, très-bons et très-honnêtes, ont trouvé le bonheur dans un commerce affectueux. Attentifs à se complaire, se dissimulant leurs peines, se pardonnant leurs faiblesses, ils passent la vie la plus douce qui soit au monde.

Tant il est vrai que les qualités de l'âme l'emporteront toujours sur celles de l'esprit, de la beauté et de la fortune.

L'AMOUR

Tu vas être étonnée, Jeanne, de voir célébrer l'amour par ta vieille tante célibataire.

C'est que l'amour, chère enfant, est de tous les temps et de tous les âges.

C'est qu'il est le soleil moral de tout être intelligent et sensible.

C'est qu'il est le seul bonheur que nous ayons conscience d'emporter au ciel; car nous ne serons jamais désabusés d'affection. Nous aimerons même des restes, nous nous attacherons à ce corps qui a porté l'âme, et nous suivrons cette âme que nous n'entendons plus.

Ce qui me fait te parler de l'amour aujourd'hui, c'est qu'en ouvrant mon album j'y retrouvai des vers qui me plaisent et dont je ne me rappelle plus l'auteur; mais, quand je les lis, ils me semblent toujours plus jolis :

> Jeune, j'aimai; ce temps de mon bel âge,
> Ce temps si court, l'amour seul le remplit.
> Quand j'eus atteint la saison d'être sage,
> Encor j'aimai : la raison me le dit.
> Me voici vieille, et le plaisir s'envole;
> Mais le bonheur ne me quitte aujourd'hui,
> Car j'aime encor et l'amour me console.
> Rien n'aurait pu me consoler de lui.

Oui, chère Jeanne, quand Dieu a versé dans un cœur là poésie et l'amour vrai, ce cœur en est illuminé jusqu'au tombeau.

Je ne parle pas de l'amour matériel, parce que celui-là ne laisse que des cendres.

Il naît d'une loi de la nature; d'un je ne sais quoi, d'un rien qui s'allume et qui peut bouleverser le monde.

« Que le nez de Cléopâtre, a dit Pascal, eût été plus court ou plus long, toute la face de la terre était changée. »

Je parle du pur amour. Qu'il prenne le nom de maternel, de fraternel, de conjugal, qu'importe! Trouve-moi quelque chose de meilleur et de plus grand, de plus doux et de plus fort.

« L'amour, a dit saint Paul, veille en son repos, n'est jamais las de ses fatigues, n'est point captif dans les fers; mais, comme une vive et ardente flamme, il s'élance et passe partout avec assurance. »

Ce que disait saint Paul de l'amour de Dieu, je le dirai de l'amitié.

Cicéron fait de cette vertu quelque chose de divin.

« C'est, dit-il, un reflet du ciel tombé sur l'humanité.

« C'est dans le monde ce qu'il y a de plus saint et de plus exquis. »

As-tu appris par cœur la fable des *Deux Pigeons?*

Peux-tu distinguer le sentiment qui porte ces charmants oiseaux à s'aimer?

Sont-ils frères, amis ou amoureux? La Fontaine n'en dit rien, et je ne l'ai jamais su. Mais ils s'aiment et leur tendresse est tout ce qui nous touche.

Dans l'amour, je place aussi l'indulgence, la bonté.

La femme et les amis de Plutarque lui reprochaient d'être trop bon pour ses serviteurs, et l'engageaient à user de sévérité envers eux quand ils se rendaient coupables de quelque faute :

— J'aime mieux, répondit Plutarque, gâter un peu le naturel de mes serviteurs par mon indulgence que d'altérer le mien par trop de sévérité.

Que de traits de mansuétude je pourrais te signaler !

L'amour ! c'est le pardon ; l'amour ! c'est le dernier mot de la création ; l'amour ! c'est Dieu.

Et tu t'étonnerais que j'en parlasse !

Mais quelle est donc la voix qui ne l'a pas chanté ?

Quel est le poëte qui ne l'a pas célébré ! Quel est le cœur qui ne l'a pas ressenti !

Je veux remettre sous tes yeux, Jeanne, cette pièce de vers dont tu connais l'auteur. Ils disent si bien tout ce qu'un sentiment profond peut faire éprouver, qu'il me plaît de la copier :

> Amour ! ô chaste joug où le monde se plie !
>   Aurore et souvenir du ciel !
> Viens, sagesse sublime et sublime folie,
> Amour en qui j'espère, amour par qui j'oublie,
>   Amour, souffle de l'Éternel !
>
> Le soleil est plus doux et les fleurs sont plus belles,
>   Et plus vaste notre horizon.
> La nature revêt des parures nouvelles,
> Sitôt que l'ange aimé s'en vient plier ses ailes
>   Au seuil béni de la maison.

Oh ! vivre deux ! n'avoir qu'une même pensée,
     Une même félicité ;
Partager l'avenir comme l'heure passée :
Sur la terre sa vie heureuse ou menacée,
     Et là-haut son éternité !

Vivre deux ! parcourir une égale carrière ;
     Dormir en enlaçant ses bras ;
Implorer le Seigneur de la même prière ;
Vivants n'être qu'une âme et morts qu'une poussière ;
     Marcher à Dieu du même pas !

Ah ! comprenez-vous bien cette joie éternelle
     Où se mêlent deux cœurs humains,
D'emporter de la terre une flamme immortelle,
Et d'arriver ensemble et du même coup d'aile
     Au ciel en se tenant les mains ?

J. BARBIER.

L'OPINION

Il ne faut pas juger des gens sur l'apparence.
Le conseil en est bon, mais il n'est pas nouveau.

A cette réflexion de La Fontaine, ma chère Jeanne, je veux joindre la mienne, qui n'est pas plus nouvelle que la sienne :

C'est qu'il faut se tenir en garde contre l'opinion, et surtout contre la prévention.

Si sous un vilain masque peut se cacher un esprit ferme et droit, comme était celui du paysan du Danube, sous une fatale influence un grand cœur peut être méconnu.

. Les apparences et les réputations sont quelquefois terribles !

La passion contrariée croit si aisément au mal !

Elle se refuse si obstinément au bien !

Elle tombe si vite dans l'erreur ; et combien de gens tiennent à leurs erreurs !

Ah ! c'est bien souvent pour avoir dépassé leur siècle ; c'est pour n'avoir pas été les disciples d'une doctrine répandue, d'une croyance populaire, que tant d'hommes ont été persécutés ! que tant d'autres furent calomniés jusqu'après leur mort ! Parmi tant d'exemples, je te citerai Spinoza.

Voici un extrait de sa biographie que je trouve ce matin dans *les Débats.*

L'article est d'un écrivain distingué.

« Il naquit, il y a deux cents ans, à Amsterdam, un pauvre homme dont la vie fut tellement silencieuse que son dernier soupir fut à peine entendu.

« C'était un doux philosophe qui quitta le monde à l'âge de quarante-trois ans.

« On crut longtemps (et l'on parvint à me le faire croire à moi, ta tante) on crut que Spinoza était un athée, un utopiste, un sceptique.

« Justice est faite aujourd'hui.

« Spinoza n'était rien de tout cela.

« C'était un homme qui donna à sa vie une direction suprême : l'Idéal. Il y resta fidèle, ce qui ne l'empêcha pas de vivre prosaïquement comme tout le monde, et de faire le bien simplement. «

« Ce même homme, insulté par ses adversaires, donna l'exemple de la tolérance pour toutes les religions, et professa pour le christianisme une vénération profonde, un tendre respect.

« Ce qui importait à Spinoza, c'était qu'on entendît les mystères dans un sens pieux. « La reli- « gion, disait-il, n'a qu'un but, la piété, et *la piété* « *n'a de valeur que dans la pratique de toutes les* « *vertus.* »

« Cet homme ne détruisit rien, n'imposa rien, n'attaqua personne.

« Mais parce qu'il osa dire, en reconnaissant Dieu comme le souverain bien, qu'il ne trouvait d'autre félicité que celle de l'aimer d'une âme pure, libre, et non assujettie aux choses surnaturelles ;

« Parce qu'il osa penser avec indépendance, il fut traité de scélérat, de peste, de suppôt de l'enfer.

« Parce qu'il ne craignit pas de croire que le prix de la vertu, c'est la vertu même ; que dans l'amour de Dieu et de son prochain il trouvait toute sa récompense ;

« Il fut considéré comme un criminel. »

Mais l'adorable prière de sainte Thérèse dit-elle autre chose que ce qu'il pensait ?

Ce qui m'excite à t'aimer, ô mon Dieu,
Ce n'est point l'heureux ciel que notre espoir devance.
Ce qui m'excite à t'épargner l'offense,
Ce n'est pas l'enfer sombre et l'horreur de son feu.

C'est toi ! toi qui m'éprends de cet amour suprême,
Tel, ô Dieu, que sans ciel même je t'aimerais ;
Que, même sans enfer, encor je te craindrais.

> Tu n'as rien à donner, mon Dieu, pour que je t'aime :
> Car si profond que soit mon espoir, en l'ôtant,
> Mon amour irait seul. Je t'aimerais autant.

« Spinoza, ajoute l'écrivain, n'avait aucun amour-propre littéraire ; il sacrifiait tout à ses méditations, au repos de sa pensée.

« Ne recherchant aucune richesse, aucune célébrité, il refusa toutes les pensions qui lui furent offertes et tous les emplois qu'on lui présenta : d'ailleurs, admirablement sobre et bon ménager, il ne vécut que du fruit de son travail (il polissait les verres d'optique).

« Comme l'auteur de l'*Imitation de Jésus-Christ*, il ne voulut jamais rien être.

« Il eut d'excellents amis, mais il fut surtout l'ami des simples. Rien ne vaut l'estime des petits ; leur jugement est presque toujours celui de Dieu.

« La vie pratique de Spinoza fut un chef-d'œuvre de bon sens ; l'égalité de son humeur paraissait merveilleuse ; et, pour ceux qui le connurent, son souvenir resta une religion. »

Voilà, ma chère Jeanne, la preuve qu'il faut se défier du jugement des hommes passionnés!

De Spinoza ils firent un diable, lorsque, en toute vérité, s'il ne fut pas un saint dans l'acception qu'on donne d'ordinaire à ce mot, il fut certainement un saint homme.

Le rédacteur ajoute à ce propos que « si de nos jours l'erreur est encore au temps des dogmatistes absolus, la religion n'en sera pas moins éternelle ; l'ère des transformations de formules s'approchera sans jamais pouvoir épuiser le sentiment religieux.

« Malheur, dit-il, à qui prétend que le temps des religions est passé! »

Ces pensées-là, chère Jeanne, consolent de l'état d'indifférence où nous sommes arrivés. Mais gardons toujours la foi, le courage de notre foi, et rendons justice à ce qui est bon et bien.

UN BON CONSEIL

Ce matin, en mettant de l'huile dans ma lampe,

je me demandais pourquoi nous en mettons si peu dans les ressorts de la vie.

Il est vrai qu'il y a beaucoup de lampes où la mèche manque, mais je ne parle que de celles qui ont des mèches.

Je parle d'un bon cœur avec un mauvais caractère. C'est ce mécanisme-là qui devrait être soigneusement graissé et au travers duquel nous devrions bien répandre un peu de bonne huile.

Que de chocs! que de heurts! que de blessures nous nous faisons par le caractère! sans le vouloir, quelquefois, et quelquefois en le voulant.

Semblable au hérisson qui se roule au moindre contact, en nous montrant ses épines, notre amour-propre, quand il est touché, pique tout le monde et nous pique nous-mêmes en nous aveuglant.

Ah! ma chère Jeanne, que d'études sérieuses demanderait ce splendide mécanisme que nous possédons!

Et puis, si la lampe était soignée, il se ferait une grande clarté dans l'esprit, toutes nos facultés s'en ressentiraient; notre cœur ne se rouillerait pas.

S'amuserait-on à des vanités puériles, s'exposerait-on à des susceptibilités et à des représailles sans fin, à des rancunes éternelles?

N'est-il pas triste de compter les richesses que l'on gaspille dans ces ténèbres, et qui iraient se multipliant, sans les aigres disputes dont le temps se remplit? Pourquoi aussi dédaignerions-nous de soigner la lampe du corps ?

Demande-t-elle autre chose qu'un entretien bien entendu?

Est-ce que d'ordinaire Dieu ne nous donne pas notre machine en bon état?

Le corps, cette guenille pour quelques-uns, ce temple sacré pour quelques autres, n'est-il pas tout simplement ce qu'il y a de plus beau dans le monde entier? Ne devrions-nous pas le soigner?

Ne devrions-nous pas, avant de combattre le mal qui vient de la nature, prévenir sa visite par un sang calme et reposé, par des habitudes sages?

Sans doute, sur cette pauvre terre, Dieu a jeté bien des cailloux parmi les fleurs !

Mais il ne nous a pas dit de nous écorcher les pieds en marchant dessus.

Il ne nous a pas dit de nous les jeter à la tête. Ah ! que ne mettons-nous toujours plus d'huile dans nos lampes !

Et que n'écartons-nous les pierres du chemin !

CORA

Cora est le nom de ma chienne ; elle habite Sceaux.

Je te le dis à toi, Jeanne, mais je ne le dirais pas à tout le monde ; j'en aurais honte : Cora ne mérite pas de passer à la postérité.

Si son cœur est bon, ses vertus sont maigres ; et ses vices !... Ah ! ses vices ! qui pourrait les compter ?

Elle possède, outre la gourmandise et la colère, une volonté à l'état solide,,,

Une volonté qui n'a ni rime ni raison.

Quelque pénible que soit cet aveu, je dois le faire pour l'honneur de la vérité :

Cora est sotte,

Et je dis qu'elle est sotte, parce que je lui ai toujours vu mettre ses quatre pattes sur le sens commun, cet esprit des bêtes.

Pleut-il? Cora a-t-elle besoin d'un bain?

— Non, dit-elle, merci, je n'aime pas l'eau.

— Mais, Cora, cela te fera du bien.

— Ça m'est égal.

Faut-il me suivre jusqu'au chemin de fer? Quelque prière que je lui en fasse :

— Non, dit la bête, le bruit de la locomotive m'agace. Je suis nerveuse au dernier point.

— Chère Cora, viens donc ; tu as besoin de prendre de l'exercice, tu as besoin de t'arrêter quelquefois en chemin. — Tu sais bien pourquoi ?

— Ça m'est encore égal, dit-elle ; je veux rester à la maison.

Le soir, ma sûreté exige-t-elle que je sois accompagnée, que ma chienne me fasse escorte ?

— Non, dit Cora; on ne sait pas ce qui peut arriver la nuit. J'ai peur.

— Mais si des voleurs m'attaquent en chemin?

— Bah! les sergents de ville ne sont pas faits pour les chiens.

« D'ailleurs, si d'autres à s'exposer trouvent mille délices, moi, j'en trouve à me conserver. »

Cependant il faut convenir que lorsque rien ne la trouble, quand nul danger n'est à craindre, elle fait un bruit du diable; elle s'attaque à tout, elle aboie à outrance.

— Voyez, dit-elle en portant haut les oreilles, qu'elle a naturellement grandes comme celles d'un âne, et de l'extrémité desquelles sortent deux petits panaches, voyez comme je remplis bien mon rôle de gendarme!

S'avance-t-on sur elle? fait-on la grosse voix? ma pauvre chienne fuit et se cache.

Ah! ma chère Cora! aurais-tu la lâcheté de certains hommes que j'ai un peu connus?

N'aurais-tu que le zèle apparent de certains fonctionnaires que je connais encore?...

Ce qu'il y a de particulier en elle et d'intelligent à la fois, c'est l'énorme distance qu'elle met entre ma tante et moi,

C'est le sans-façon de ses procédés avec celle qu'elle nomme sa gouvernante, et le respect qu'elle me témoigne.

— Celle-ci est ma maîtresse, pense-t-elle, mais l'autre ! Celle-ci a le droit de sortir sans m'emmener ; elle a des besognes... mais ma gouvernante n'en a pas. J'ai donc raison de bougonner quand celle-ci me laisse au logis.

Et quand sa pâtée n'est pas faite à l'heure accoutumée !...

C'est alors que ma pauvre tante a de grosses affaires sur les bras !

Cependant je l'aime, ma petite chienne, ma bonne petite chienne.

Je l'aime parce que sur cette terre, où l'on rencontre peu d'attachements durables, j'en trouve un dans Cora. Si son dévouement est borné, sa tendresse ne l'est pas.

A l'heure des repas, dites-lui de me prévenir que le couvert est mis. Ce sera bientôt fait.

Se mettra-t-elle à table sans moi? Jamais!

Demandez à Cora quelle heure il est; elle n'en connaît que deux : celle de sa pâtée et celle de mon retour de Paris.

Qui ne la trouve tous les samedis, vers cinq heures, assise au milieu du chemin, guettant mon arrivée? Qui l'a instruite de ce jour? Personne; elle l'a appris par cœur et par son cœur.

Demandez-lui encore si je suis vieille.

— Je ne sais pas ce que vous me demandez, répondra-t-elle. Ma maîtresse n'est jamais vieille.

O Cora, tu m'aimes et je te le rends bien !

OU JE RÉFLÉCHIS

Jeanne, sais-tu que c'est une singulière et bien grande chose que la vie? Plus j'y pense, plus je m'émerveille ; plus je m'attriste aussi.

Nous passons d'un jour à l'autre, mangeant et dormant, sans voir le temps qui nous emporte, sans faire la halte du voyageur.

Toutes les joies de la terre n'assouviraient pas notre soif de bonheur, et nous enfantons les soucis les plus cruels. Nous aimons l'existence, et nous l'abrégeons.

Si nous étions seulement conséquents ! Mais non ; nous voulons être heureux, et nous n'y contribuons par aucun effort.

Il est curieux d'observer à quel point l'habitude de voir les surfaces nous empêche de regarder ce qui se passe en nous et hors de nous.

En fait d'irréflexion, a dit un penseur, l'homme est capable de tout.

Et cela est si vrai que si nous songions parfois avec quelle sollicitude notre corps veille sur son équilibre, nous penserions un peu plus à veiller sur celui de l'âme, notre souverain bien.

Que de gens sortent de ce monde sans savoir ce qu'ils sont venus y faire !

Que de gens parlent du ciel sans y songer, sans l'admirer !

Que de gens voient le soleil comme on voit une bougie qui nous éclaire !

Que de gens, hélas ! naissent et meurent dans l'indifférence ! Voilà ce que je ne comprendrai jamais.

VÉRITÉ

— Dis-tu la vérité? demandait une mère à une petite fille que je connais.

— Oh! maman! je dis toujours la vérité, mais aujourd'hui, vois-tu, je dis la vraie vérité.

Ce mot est adorable!

Mahomet aussi a dit une vérité vraie en proclamant que la charité est une rosée sainte qui coûte peu à répandre et qui fertilise beaucoup.

Tu ne t'attendais pas, Jeanne, à voir Mahomet figurer dans ce chapitre.

C'est que la vérité est partout, quoique tant de gens malintentionnés disent qu'elle n'est nulle part.

Le voyageur qui brûle de soif, l'affamé qui cherche un morceau de pain, n'aspirent pas plus vivement, l'un à boire, l'autre à manger, que mon esprit n'aspire à trouver une vérité, une vérité vraie.

C'est à la lettre, j'en ai faim et soif.

Voilà pourquoi je me désole souvent devant nos yeux bornés.

Tant d'apparences nous cachent le vrai ! Tant d'erreurs nous enveloppent !

Le soleil, par exemple, n'a-t-il pas bien l'air de monter à l'horizon, de planer sur nous, et de se cacher quand il se couche ?

Ne faut-il pas toujours faire un effort pour rectifier nos yeux et rétablir les faits ?

Et que de sourires charmants ont caché des âmes perfides !

Oui, nos instincts mêmes nous trompent. On dirait que toute la nature conjurée veut nous forcer à réfléchir.

Nous voyons la mort de près, nous la voyons en face. Par la raison, par la vue, nous sommes parfaitement sûrs qu'elle existe, que nul ne peut y échapper.

Nous savons exactement que nous mourrons un jour... bientôt peut-être !

D'où vient donc qu'une partie de notre esprit se refuse à y croire ? ou du moins nous tenons la mort si loin de nos regards, nous voulons tellement en fuir l'image, qu'elle semble ne pas exister.

D'où vient cet incessant étonnement à la vue d'un corps inanimé? d'un corps qui respirait il y a un moment, qui parlait il y a une heure?

Quoi! cette personne qui vivait n'est plus! Quoi! toute vie a cessé!

Est-ce possible? Et l'on reste atterré. Et l'on dit : Non, la mort ne peut pas être ; non, elle n'est pas la fin absolue de la vie.

Serait-ce qu'une tendance du cœur humain nous attache d'un lien si serré à cette existence éphémère que, lorsque ce lien se brise devant nous, nous en sommes un peu renversés à notre tour?

Mais, grâce à Dieu, une merveilleuse tendance de l'âme nous montre tout aussitôt l'éternité!

Car c'est bien au fond de notre âme que cette éternité existe. Qui pourrait l'en arracher?

Et c'est encore au fond de notre âme que bien d'autres vérités sont logées. Il ne suffirait que d'y descendre plus souvent!

Je lisais ce matin dans un recueil de *Variétés*

philosophiques que la vérité est comme une graine imperceptible ; elle vole dans l'air, et va tomber on ne sait où. On l'enterre sous un tas de fumier.

Un beau jour, elle en sort sous la forme d'une plante.

Un passant la remarque, s'en empare et la montre à tout l'univers.

Mais les vérités morales sont de toute éternité ; elles ne reculent ni n'avancent. Elles sont immuables. Voilà ce qui me ravit.

UN PRÊCHE

Un de ces jours, étant à Lyon, je voulus visiter une grange qui avait été autrefois une superbe église, et je vis, grimpé sur un tas de paille, un enfant, un garçon de cinq ans environ.

Un petit auditoire l'entourait. C'étaient les marmots de l'école. Ils écoutaient très-sérieusement le sermon qui touchait à sa fin.

— Mes frères, disait le petit prêcheur, saint Joseph était charpentier. Il faisait des *écopaux* pour faire bouillir p'tit pot. Bous, bous, p'tit pot plein de grâce et de graisse. Quand p'tit pot bouillira, nous dirons notre *Ave Maria*. En attendant, donnez, donnez un bonbon au p'tit prédicateur, et le bon Dieu vous en rendra quatre.

Où, je le demande, ce cher bambin avait-il puisé ce sermon?

Ce qu'il disait n'avait pas le sens commun, mais sorti de sa jolie bouche rose, c'était charmant.

Et les bonbons pleuvaient dans sa blouse. Dame! ils étaient donnés à de si grands intérêts!

Espérer quatre bonbons pour un! escompter d'avance la magnificence de Dieu!... voilà, pour beaucoup, le but de la générosité! voilà sur quoi elle se fonde! Et mon petit prédicateur, comme un mendiant consommé, se servait déjà de cet appât!...

Ce sermon achemina ma pensée sur la charité, que chacun interprète à sa manière.

Qu'est-ce que la charité, en définitive, me disais-je, si ce n'est un ensemble d'instincts, de besoins et de vertus?

La générosité est un plaisir; la justice, un sentiment naturel et un devoir.

Mais l'abnégation absolue de soi-même au profit du prochain, voilà la charité.

L'amitié, l'amour, la tendresse pour nos proches sont des bonheurs qui peuvent nous porter jusqu'à un dévouement naturel, car l'objet qui nous emporte tient à nous; c'est trop souvent nous que nous aimons en eux. Ce genre de dévouement n'est pas absolument désintéressé. Mais ce qu'on fait pour Dieu seul, uniquement en vue de se rapprocher de lui, c'est la charité. Le bien qu'on fait au travers de l'injustice et de l'ingratitude des hommes, celui qu'on accomplit avec persévérance, sans jamais se lasser, voilà la charité.

Écoute, ma chère Jeanne, ces beaux vers de Ponsard que j'ai copiés dans *l'Honneur et l'Argent* :

La vertu qui n'est pas d'un facile exercice,
C'est la *persévérance* après le sacrifice;
C'est, quand le premier feu s'est lentement éteint,
La résolution qui survit à l'instinct,
Et seule devant soi, paisible et refroidie,

Par un monde oublieux n'étant plus applaudie,
A travers les besoins, l'injure et le dégoût,
Modeste et ferme, suit son chemin jusqu'au bout.
Voilà mon vrai héros, voilà mon homme rare.

OU JE M'EMBARRASSE

Je crois, chère Jeanne, à l'encontre de beaucoup de gens, que Dieu a bien fait toutes choses. Mais combien nous étonnent et provoquent nos questions !

Sans doute tout doit être réussi dans la création, tout a dû être prévu dans une sagesse éternelle : la vie, la douleur, la décrépitude et la mort. Mais cette bonne petite provision d'expérience et de raison ramassée péniblement le long du chemin, et dont nous ne pouvons nous servir que pour un temps si court !...

Cette pensée ne me donne-t-elle pas le droit de répéter avec le poëte : ·

> Expérience, astre qui luit
> De tant de clartés dans nos nuits!
> Faut-il, si notre sort te touche,
> Que tu ne te lèves, hélas !

> Que lorsque déjà vieux et las
> L'homme se couche?

Comment expliquer aussi que le seul être privilégié de la création, l'homme, ne possède ni les instincts sûrs qui gouvernent, ni les organes merveilleux de quelques animaux, organes dont il aurait tant besoin?

Comment comprendre que l'homme intelligent se sente soumis si fatalement à l'erreur, à la curiosité insatiable, à l'inquiétude qui le dévore, à ses passions déréglées, à tout?

L'homme qui, né avec le sentiment de sa conservation, ne songe qu'au moyen de se détruire et n'invente que des engins de mort!

Pourquoi ne recule-t-il pas devant la guerre?

Ah! pour toutes ces questions, Jeanne, je n'ai pas de sac, parce que je gémis trop sur les profondes misères de l'humanité.

Je souffre de voir l'homme, que j'aime, se fabriquer les instruments de son propre malheur et de sa destruction.

Je souffre de ne point comprendre ces choses, mais...

Reprenons, chère enfant, les humilités de l'ignorance; détournons notre pensée de ces tristesses.

Tout en ayant besoin d'interroger, tout en cherchant les grands horizons, les graves solutions, je vois bien qu'il faut m'en tenir aux petits chemins et à la soumission.

LA VOLONTÉ

Pour être maître de sa volonté, il suffit de ne vouloir que le possible, mais de le vouloir avec énergie, de le vouloir surtout avec persévérance.

Je t'ai déjà dit une fois, à propos de certaines antipathies, qu'on pouvait surmonter son goût quand l'estomac ou la raison ne s'y refusait pas.

Aujourd'hui je te répéterai comment je m'y pris, et de quelle façon je mis en jeu toutes mes facultés pour manger d'un plat que je ne pouvais pas même goûter.

Un jour (il n'y a pas de cela bien longtemps), je me demandai sérieusement pourquoi je ne mangeais pas du mou de veau; pourquoi ce titre seul me faisait horreur.

C'était évidemment une inconséquence, puisque j'aimais toutes choses semblables.

Cette répulsion, qui n'était pas motivée, me parut stupide.

Ce jour-là précisément je mangeais avec grand plaisir des ris et des cervelles.

Pour m'éprouver moi-même, je priai une de mes amies de m'inviter à dîner, et de m'apprêter un beau plat de mou. Moi, je n'en aurais pas eu le courage.

Elle devina mon dessein.

Nous sommes à table.

On signale l'apparition du mets.

Je supplie avant tout les dieux de m'assister !

dis-je tout bas.

J'invoquai aussi l'imagination, qui vint à mon aide.

Je regardai le plat. Mes yeux furent charmés... ils voulurent l'être surtout.

Figure-toi, Jeanne, de beaux morceaux de mou flanqués chacun d'une superbe écrevisse et d'un croûton doré qui attirait les yeux. Le tout était placé sur une sauce friande.

Ainsi préparée pour le sacrifice, je vis sans effroi mon assiette se couvrir; sans hésitation, j'approchai mes lèvres.

J'y allai de bon cœur, de bonne volonté.

Et je trouvai ce plat excellent.

Je ne dis pas que l'attraction fut complète. C'eût été un miracle,

Une arrière-pensée d'inimitié errait bien encore sur ma langue et sur mes lèvres.

Mais. enfin j'avais vaincu.

La partie était gagnée.

Et depuis ce temps-là je mange sans répugnance ce qu'auparavant je ne pouvais pas souffrir.

LA GRACE

Il est évident, chère Jeanne, que tu as été faite pour plaire, comme Pierre est venu au monde avec le don de se faire aimer.

Non qu'il ait absolument tous les mérites, ce cher neveu, mais on l'aime parce qu'il porte en lui la bonté, comme en toi se porte le charme.

Il y a donc des grâces naturelles.

Mais quand elles nous sont refusées, devons-nous maudire le ciel? Voilà la question. Devons-nous le bénir quand elles nous sont accordées?

Qu'avons-nous fait avant de naître pour mériter les faveurs du Très-Haut?

Qu'avons-nous commis, personnellement, pour en être déshérités?

Comme Dieu ne peut pas être injuste, il est nécessaire de croire à des raisons suprêmes, mais cachées, de croire à une expiation, comme il est doux de croire à une récompense.

J'en conclus que notre vice inné, l'égoïsme, germe de tous les autres, est un héritage :

Le fait est certain.

Je vois de mes yeux que les défauts et les maladies des parents passent trop souvent, non-seulement aux enfants, mais aux enfants des enfants.

Je vois encore que la santé, les bonnes mœurs,

la distinction de race et de sentiments se retrouvent jusque dans une arrière-génération.

Un fils ne subit-il pas la mauvaise réputation d'un père, comme il jouit de son honorabilité?

Puisque c'est une loi, et que, cette loi, nous ne pouvons pas l'expliquer, souffrons sans nous plaindre des maux que nous n'avons pas mérités. Nous en aurons plus tard la justification. En attendant, combattons l'égoïsme. Combattons, mais jouissons des priviléges et des grâces reçus au berceau, sans nous en prévaloir, et tâchons de les répartir sur ceux qui en sont dépourvus.

Je crois donc que l'un de mes aïeux fut l'oint du Seigneur.

Je crois aussi qu'il présida à ma venue en ce monde, qu'il me dota, me prit sous sa protection, et me couvrit de ses ailes.

Il est évident que si je vaux quelque chose, c'est à lui que je le dois ; c'est à lui que je dois aussi, bien certainement, cette poésie intime, ce charme intérieur que j'attache à toutes choses.

Mais ce qu'il m'a donné peut-être de meilleur,

c'est une grande pitié pour ce qui souffre et une grande pitié pour les méchants.

Oh! ceux-là, Jeanne, sont véritablement à plaindre; car, à moins d'être aveuglés par le mal, ils sont tourmentés de leurs méchancetés mêmes.

Je voudrais qu'on fût persuadé que chaque effort qu'on fait pour vaincre ses passions est inscrit au livre de vie et compté pour nos descendants.

Ne vois-tu pas qu'il suffit au laboureur de déposer la semence en la terre, et que Dieu fait le le reste? mais le champ a été préparé par l'homme. Si donc le Créateur donne cette vertu à la terre, combien plus donnerait-il de vertu à notre âme si nous la façonnions à l'exemple du laboureur! L'homme ne vit pas seulement de pain, mais de toute parole qui sort de la bouche de Dieu. Pour l'écouter, cette parole, pour donner à notre âme cette nourriture spirituelle, il faudrait lui demander du fond de nos désirs la foi et l'amour qui donnent la volonté et le pouvoir. Et alors Dieu bénirait et féconderait cette volonté. Je le crois fermement.

LES CROUTONS

Notre soumission à la Providence ne doit pas être, je suppose, celle des musulmans, qui consiste en une résignation passive devant une nécessité fatale.

Dieu, en exigeant de nous l'abandon et la confiance, nous a donné un cœur humain, il nous a donné le don des larmes.

Il faut donc se prosterner devant ses lois, toutes cruelles qu'elles nous paraissent, et satisfaire la nature.

Oui, Jeanne, pleurons sur ceux qui nous quittent et que nous suivons jusque dans la tombe.

Tout en appartenant au ciel, restons sur la terre.

J'appris ces jours derniers la mort d'un enfant adorable.

Il avait à peine trois ans. C'était le premier-né d'une de mes amies.

Je vais la voir aussitôt pour unir mes larmes aux siennes...

J'entre, le berceau était encore occupé... et le cercueil le touchait déjà.

J'embrasse une dernière fois ce bel enfant...

— Un ange, disait sa mère, un ange parti au ciel!

— Oui, pensai-je en moi-même, c'est un ange. Mais est-ce donc pour le voir envolé sitôt qu'on le met au monde?

« N'avait-il pas une mission à remplir?

« Peut-être a-t-il échappé à bien des misères; mais, mon Dieu, ne m'empêchez pas de regretter les bonheurs qui lui étaient légitimement réservés! »

Je revins près de la mère que j'avais à peine vue, et, lui prenant la main, je cherchai à lui témoigner ma peine et ma sympathie...

— Oh! me dit-elle les yeux secs et la voix assurée, Dieu me l'avait donné, Dieu me l'a ôté. Que sa sainte volonté soit faite!

Une servante passe.

— Madame, dit-elle, que servirai-je au déjeuner? Le bœuf, le poulet ou le macaroni d'hier?

— Je préfère le bœuf, reprend mon amie,

autour duquel vous mettrez des épinards; mais vous aurez soin de les éplucher vous même.

La servante se retire.

— Marie! Marie! fit la dame, n'oubliez pas surtout d'y mettre beaucoup de croûtes. Vous savez que sans les croûtons mon mari ne mange jamais d'épinards.

Mes larmes restèrent suspendues, j'étais stupéfaite!...

LE MENDIANT

On frappe, on entre... Je crois voir l'ombre de mon père, l'ombre de cette tête si chère.

La ressemblance était frappante.

Je fais asseoir cette ombre avec des égards déjà mêlés d'attendrissement.

Je m'assieds près du vieillard, je le contemple.

Il pouvait avoir soixante-dix ans : son air était digne.

Son accoutrement, sa tête chauve, que couvrait un mauvais bonnet de velours noir, un nez aquilin, des yeux bien dessinés, bien enfoncés et pleins de feu, tout me rappelait l'image du père bien-aimé que je venais de perdre...

— Qui sait, pensais-je en le voyant, si ce n'est pas vraiment son ombre qui se penche vers moi ?

J'étais devenue toute tendresse.

Après cette exclamation intérieure à laquelle mon vieux visiteur n'avait certainement pas pris garde, je compris qu'il fallait parler.

— Monsieur, lui dis-je, qui ai-je l'honneur de recevoir?

— Je suis peintre, mademoiselle ; j'ai vu votre nom dans l'annuaire de l'Association des artistes, et j'ai pensé que vous seriez assez bonne pour prendre intérêt à ma misère.

Cela fut dit avec une sobriété de langage qui me disposa en sa faveur.

— J'ai tout perdu, continua-t-il, et mes yeux mêmes ne me servent plus. Je ne peux pas travailler.

Ma pitié pour ce pauvre vieillard montait... montait... montait...

— Mais quoi! lui dis-je, êtes-vous donc sans famille, sans aucun soutien?

— J'ai, me répondit-il avec un gros soupir, enterré mon dernier ami, et je n'ai plus d'enfants.

Quelle éloquence il y avait dans cette simplicité de la douleur!

J'étais plus émue que s'il m'avait débité de lamentables litanies.

— Sans doute, monsieur, observai-je, vous avez des œuvres de vous? Il doit vous rester des tableaux, des dessins, on pourrait en tirer parti.

— Oh! je le voudrais bien, me dit-il tristement; mais qui me les achètera?

— Rassurez-vous, monsieur. Je connais un membre influent de la Société des artistes. Je vous promets de m'employer de tout mon pouvoir. Comptez sur moi.

Je n'avais pas besoin d'en savoir davantage.

Il sortit de chez moi, réconforté de toutes manières, me promettant de revenir le lendemain.

—Oui, mon pauvre ami, m'écriai-je quand il fut parti, oui, tu trouvéras en moi une protectrice! ma sympathie à tes infortunes te suivra partout.

Et, le souvenir de mon père se mêlant à cette scène, je sentis mes yeux se remplir de larmes.

Je pars, je cours chez mes amis, je vais intercéder...

—Non, pensai-je ; il vaut mieux commencer par visiter mon pauvre peintre. Là je verrai ses tableaux ; j'en pourrai parler.

Et, retournant sur mes pas, je vole à l'adresse qu'il m'avait donnée.

— Je ne connais pas ce nom-là, me dit la portière. La personne que vous cherchez n'a jamais demeuré ici.

Redoutant une erreur, je poursuis mes recherches jusqu'au delà du possible.

Cet homme n'était connu nulle part, et le lendemain il ne revint pas.

J'avais reçu une fausse adresse.

JE REVIENS A MON MENDIANT

—Console-toi, me dit la raison. Si tu as été trompée, ne t'accuse pas, car cet homme portait toutes les apparences de l'honnête pauvreté.

« Va ! il y aura toujours des dupeurs et des dupés.

« Il faudra toujours gémir sur les vices de l'humanité ! »

Explique qui pourra que les hommes vivent entre eux comme s'ils avaient fait une convention tacite de se nuire et de se tromper.

Cependant, en nous créant de même sorte, Dieu ne le fit-il pas pour nous inspirer le sentiment de la fraternité ?

S'il donna aux uns plus de santé ou d'intelligence à d'autres plus d'adresse et de sagesse ; si la fortune a inégalement répandu ses faveurs, ne fut-ce pas pour faire éclore en nous des sentiments humains et celui d'une juste solidarité ? Quoi de plus doux que d'obliger, que de protéger ?

Quoi de plus agréable que de recevoir un bienfait ?

Quoi de plus délicieux que de le sentir et de le reconnaître ?

Ces pensées me revinrent à l'esprit après la déception que me causa hier mon mendiant.

Mendiant ! aurais-je pu seulement prononcer

ce mot devant celui qui me donnait l'image de mon père ?

Le misérable ! Rien qu'à songer à lui, je retrouve mon indignation.

Quel intérêt mal entendu l'obligeait à mentir?

Recevoir l'aumône d'un jour et perdre à jamais ma sympathie, ma sollicitude !

Faut-il qu'un homme soit stupide !

Faut-il que tant de perversité trouble le jugement !

Il avait tant à gagner s'il eût été honnête !

Hélas ! qu'il est cruel de sentir la flamme de son cœur étouffée par l'expérience !

Qu'il est dur, quand nous sommes emportés par un sentiment de bienveillance et de charité, d'éprouver en même temps un mouvement de la raison qui nous éloigne.

Non, pourtant, malgré tout, je ne pourrai jamais, dussé-je me tromper encore, je ne pourrai me défendre de cette impression de tendresse que m'inspire un vieillard.

Non, jamais !

LA VERTU

Il n'est que trop vrai : je ne me suis jamais senti le germe d'une vertu stoïque. Peut-être ne l'ai-je pas assez fécondé par mes efforts ! Peut-être !...

Après tout, n'est-on pas né stoïcien comme on est né peintre, musicien, rôtisseur ?

On peut et on doit améliorer son caractère, corriger ses passions, les dominer ; mais devenir fort quand on est faible, souffrir le martyre quand l'exaltation n'a pas pu naître, cela est évidemment plus difficile.

Les très-grands saints ont dû être en général saints de nature, prédisposés à l'être ; d'autres ont pu le devenir par l'occasion, c'est-à-dire que les fortes secousses ou les grands repentirs ayant amené les grands coups de la grâce, ces hommes, par le détachement complet des biens de la terre, par l'aspiration incessante de monter au ciel, ont gagné le mépris des souffrances et de toute vanité.

Ils voulaient se rendre dignes de la béatitude éternelle.

Mais les petits saints sont très-nombreux; il en existe plus qu'on ne croit.

J'ai pour ma part connu et admiré beaucoup de saintes femmes.

Deux d'entre elles, mortes aujourd'hui, furent mes amies de pension. Leur souvenir me revient souvent et ravive mon courage.

Ce n'est que dans de certaines situations que nous pouvons déployer tout ce que Dieu nous a donné de vertu.

Il suffit d'avoir le cœur bien placé pour remplir jusqu'au bout ses devoirs de fille ou de mère. Un jour, d'ailleurs, les parents nous quittent, les enfants s'éloignent, s'établissent; tandis qu'un mari dure, dure longtemps.

Et quand une femme, nouvellement mariée, s'aperçoit qu'elle a épousé un misérable et que noblement elle se résigne à vivre avec lui...

Si, reconnaissant les turpitudes de cet être

vicieux, lâche et brutal, elle ne s'applique qu'à couvrir ses bassesses...

Quand, au lieu de dévoiler la conduite de son mari, elle dissimule le mépris qu'elle a pour lui, cherchant à ramener à des apparences d'honnête homme celui dont elle porte le nom...

Quand enfin, attentive à la dignité du foyer et à l'honneur de sa famille, elle inspire à ses enfants le respect et la déférence envers leur père...

Et que nul autre que Dieu ne connaît sa douleur...

Je dis que c'est une femme sainte, je dis que c'est là de la vertu.

L'ÉCOLE D'AMSTERDAM

Sur le déclin de l'âge, quel vieillard ne recule un moment sa pensée jusqu'au printemps de sa vie, et ne se retrace avec joie ces mille riens où tant de charmes sont restés attachés?

Fraîcheur des sensations, qui peut vous remplacer?

Que de fois, moi-même, je me reporte aux

lieux où se passa mon enfance; à Amsterdam surtout!

Je vois encore l'endroit où, gravement, je plantais de petits bâtons dans le sable, espérant y faire naître une forêt, et le chagrin que j'eus quand un méchant petit garçon culbuta le tout d'un coup de pied.

Pourrais-je oublier ce grand cheval de bois qui me recevait toute petite sur son dos et me dandinait complaisamment pendant des heures entières, sans se lasser?

Et les promenades au bord du canal, où je contemplais les grands bateaux; car tout paraît grand quand on est petit?

Et le lait, le fromage, les bonnes beurrées? En est-il au monde qui puissent leur être comparés?

A peine eus-je cinq ans qu'on songea à me mettre à l'école.

— Les écoles de ce pays-là ne ressemblent point aux nôtres.

D'ordinaire, c'était une vieille édentée qui la présidait.

Je vois toujours, en face du banc que j'occu-
pais, la haute estrade d'où, tenant un bâton aussi
long et aussi maigre qu'elle, la sainte mégère
surveillait le troupeau qui lui était confié :
petit troupeau de bambines assez indisciplinées,
malgré la perspective du bâton que fort heureusement, de ma place, je ne voyais jamais qu'en
raccourci.

Je me rappelle encore l'effet de cette terrible
baguette venant tomber à droite ou à gauche sur
les épaules des pauvres petites qui babillaient.

Défendre aux enfants de babiller, quelle
cruauté !

La figure de cette maîtresse et son bonnet
à longues barbes étaient éclairés par une immense
fenêtre placée à ma droite.

Jamais je n'ai vu cette vieille femme bouger
du grand fauteuil où elle semblait clouée. Elle
n'enseignait rien.

Les grandes filles instruisaient les petites. Sa
seule mission était de frapper.

Moi, je parlais peu, mais je flânais. Ces jolies
petites corbeilles en papier blanc et rose, qu'on

nous apprenait à tresser, s'échappant souvent de mes doigts, tout l'ouvrage était *dérangé*.

J'étais distraite : une mouche, une ombre, un rien, tout emportait mes yeux. Et mon travail n'avançait pas.

Un jour que ma tâche était loin d'être finie, pour me punir, on m'envoya hors de la salle. Je devais enfiler un corridor au bout duquel se trouvait une porte dont j'avais quelquefois entendu parler; près de cette porte était une sonnette que je devais tirer, afin qu'un homme, le mari de la maîtresse d'école sans doute, me prît et me donnât le fouet.

Je pensai en moi-même que si je ne tirais pas la sonnette la porte ne s'ouvrirait pas; que, la porte restant fermée, le monsieur ne viendrait pas... et que si je ne voyais pas l'homme je n'aurais pas le fouet.

Là s'arrêta mon raisonnement. Mais la malice alla jusqu'à rester assez longtemps dans le corridor, pour laisser à penser que j'avais subi la correction.

Je ne sais comment ces réflexions et les conséquences que j'en tirai vinrent se présenter à mon esprit, mais je crois que ce fut tout naturellement.

Le fait est que je revins à ma place absolument comme j'en étais sortie. On avait compté sur ma naïveté. Hélas! je ne l'avais déjà plus.

LES COUSINS

J'allai hier matin visiter un brave cousin, aveugle et près de sa tombe.

Je l'appelle mon cousin parce qu'un certain jour il prit fantaisie à un vrai cousin de mon père, un officier en retraite très-bon et très-original, de chercher par le monde tous les cousins possibles de notre famille et de les réunir dans un banquet, à l'insu les uns des autres.

Cousins, cousins germains, cousins issus de germains et arrière-cousins : ce fut une présentation générale et des salutations étonnées de part et d'autre ; ce fut une profusion de sourires, incessamment renouvelés.

Les uns venaient de Poissy, les autres du

Pecq ; mon pauvre cousin aurait été les chercher en Chine.

Il y en avait de laids, de vieux, de grands, de petits. Il y en avait de toutes les couleurs.

Nous étions, je crois, vingt-deux cousins.

Je te laisse à penser la joie et la figure de cette représentation de cousins.

Hélas ! de toute cette bande, il ne m'en est resté que deux, et pour cause : les autres sont morts. Que Dieu me conserve le dernier qui me reste, le meilleur homme du monde !

En revenant chez moi, je rencontrai aux Champs-Élysées une troupe de pauvres jeunes filles. Toutes se donnaient la main.

Je les observai, et je vis avec une surprise mêlée de pitié qu'elles étaient toutes infirmes.

Les unes étaient boiteuses, bossues, estropiées, aveugles.

Les autres semblaient idiotes.

Il n'y en avait pas une de valide.

C'était l'infirmité humaine qui passait.

Je me sentis émue de pitié et je me pris à bénir

les femmes qui se dévouent à de telles misères.

Prodiguer sa vie envers tant d'êtres déchus !

Dépenser un labeur si ingrat, des soins souvent si stériles !

Ah ! c'est encore là une vertu qui tient plus du ciel que de la terre.

MANIÈRE DE VOIR

On est heureux quand on croit l'être, ma chère Jeanne, et j'ai toujours voulu croire que j'étais heureuse. Il est vrai que j'ai toujours tenu ma lunette braquée de ce côté-là.

On est libre quand on veut l'être, et j'ai toujours voulu, dans l'esclavage même que donnent et la vie et le monde, m'estimer libre.

Ces réflexions me viennent à propos d'un apologue que j'ai lu je ne sais où et dont le sens moral m'est resté.

Il y avait une fois plusieurs oiseaux vivant ensemble dans une grande volière où se trouvaient quelques fleurs et quelques arbustes.

Un jour, un bouvreuil dit à son voisin le chardonneret, qui voltigeait gaiement de branche en branche :

— Ne savez-vous pas, mon ami, vous qui chantez si bien, que nous sommes tout simplement enfermés dans une cage ?

— Que parlez-vous de cage ? reprit le petit chardonneret. Voyez donc comme nous voltigeons de tous côtés, comme l'air est bon, comme le soleil nous caresse !

— Je vous dis que nous sommes en cage, reprit le triste bouvreuil. Venez à cet endroit voir le fil de fer de ce treillage qui nous entoure de toutes parts ! Voyez cette porte bien fermée sur nous ! Voyez si nous pouvons nous élever au ciel !

— Certainement, oui, je vois ici un fil de fer, avoua l'aimable chardonneret, mais là-bas je n'en vois point. Et le ciel ne m'est point caché.

— Mais considérez donc, ajouta le méchant oiseau, que si nous étions libres, notre maître, car nous en avons un, ne viendrait pas ici tous les matins mettre de l'eau dans notre buvette et répandre du grain dans la mangeoire.

— Bah ! bàh ! reprit le chardonneret, je vous dis que je puis voler où je veux. Cet espace suffit à mes ailes. Il ne s'agit que de ne point voir les barreaux de sa prison; et d'ailleurs ne trouvez-vous pas très-agréable de voir tous les jours votre déjeuner servi à point, de ne jamais manquer d'eau, de babiller avec vos voisins? Moi, je trouve charmant de causer avec un maître qui m'aime. Mes chansons lui plaisent. J'ai près de moi ma femelle, et mes petits vont éclore bientôt.

Vive Dieu !

RONDEAU

Je viens de quitter un vieux manuscrit où j'ai trouvé un rondeau sur le vrai mérite de l'homme.

Écrit dans le goût d'Horace, que tu aimes, Marot ne le désavouerait pas.

Or tu connais Horace; j'ai donc jugé que tu ne lirais pas sans plaisir ces vers que j'ai copiés pour toi.

Voici, ami, si tu le veux savoir,
Qui fait à tous joyeuse vie avoir.

Biens succédés et non acquis à peine ;
Feu en tout temps, maison plaisante et saine.
Jamais procès, les meubles bien dispos,
Et au dedans un esprit en repos.
Contraire à nul, n'ayant aucuns contraires ;
Peu se mêler des publiques affaires.
Sage simplesse, amis à soi pareils,
Table couverte et sans grands appareils.
Facilement avec toutes gens vivre.
Puis, sans grand soin, n'être pourtant point ivre.
Femme joyeuse et chaste néanmoins.
Dormir si doux que la nuit dure moins.
Plus haut qu'on est ne vouloir point atteindre.
Ne désirer la mort et ne la craindre.
    Voilà, ami, si tu le veux savoir,
    Qui fait à tous joyeuse vie avoir.

Ceci est bel et bon, mais je m'aperçois que cette philosophie-là est trop cousine de celle d'Épicure. Elle incline terriblement à la vie des sens, à la vie matérielle.

Un jour nous serons sous terre, dit-elle, c'est possible ; mais aujourd'hui nous sommes dessus. Soyons heureux.

Voilà qui est bien ; mais après ?

Pourquoi intituler ce rondeau, qui est joli : *le Mérite de l'homme?* Où donc est-il ?

LA BONNE FEMME

En regard de ce vieux rondeau que je viens de t'offrir et qui parle du *mérite de l'homme*, je trouve dans l'extrait d'un manuscrit du xve siècle, par Pierre Le Gros, un article que tu apprécieras, j'espère, parce qu'il me plaît.

Il peint ce qu'on entendait alors par être une bonne femme.

« La femme doit être doulcement conduite, amiablement supportée, charitablement nourrie et diligemment confortée...

« La femme pense de gouverner le blé, la farine, la paste, le pain et le breuvage. Elle pense du linge, de la leine, la garde des vers, la met au soleil ; elle nettoie les langes (le linge), les répare et recoust et met à point et adoube petits morceaux...

« Elle garde l'uyle (l'huile), les gresses, les potages, le bétail...

« Souventes fois pour le bien de l'ostel (de la

maison) se rompt le cuer et le corps de sollicitudes et labeurs...

« Si aucuns est malade, elle met sa diligence à le consoler, elle se haste de faire le lict, de mettre linceulx nets (draps blancs), de alumer le feu, de chauffer le malade, ou aucun des enfans. De l'angoisse, elle sera pleine et de anxiété ; le cuer tout navré de douleurs. Toutes les afflictions, tourments, paines et passions que le mary sentira en son corps, elle portera en cuer ; doulcement le confortera, diligemment le servira ; au médecin elle courra ; rien pour sa santé elle n'espargnera. Le boyre, le manger, le dormir, le repos elle oblyera ; plorera, lamentera, se déconfortera, nul ne pourra la consoler.

« Quant es choses spirituelles, femmes communément sont dévotes à l'église, piteuses aux povres, aumosnières aux malades et indigens.

« Leurs enfans et famille instruisent en l'amour de Dieu. Bonnes mœurs leur enseignent et honnesteté de vie, de conversation et exemple de toute bonté.

« Il est donc fol qui dit du mal des femmes, s'il veut généralement parler. »

Ne voilà-t-il pas bien, chère Jeanne, la couleur des mœurs et habitudes du bon vieux temps ?

LE SOMMEIL

Je vais dire mes prières, Jeanne, puis je dormirai, s'il plaît à Dieu ; mais le vent souffle d'est, j'ai peur de ne point rencontrer le sommeil.

Le bonheur déjà, c'est de se coucher dans des draps bien blancs et bien bordés.

Le bonheur, c'est d'appuyer sa tête fatiguée sur l'oreiller ; de penser un quart d'heure aux événements de la journée, à ceux qui doivent s'accomplir le lendemain.

Une fois en règle avec Dieu et avec ses devoirs, on rêvasse à mille choses n'ayant ni commencement ni fin ; l'on passe subitement d'une vision à une autre ; puis on aperçoit le tableau des objets qui nous ont le plus frappés s'embrouillant et se débrouillant tour à tour.

Qu'elle est curieuse, cette mémoire qui, comme une gibecière, reçoit et conserve les images qui ont passé devant elle et nous les montre jusque dans l'absence de l'esprit!

Vienne l'insomnie, on patiente. On se répète quelques beaux vers appris par cœur.

Malheur aux tristes pensées qui viennent frapper à notre porte!

Malheur à celles qui, s'attachant à nous de trop près, prennent le nom d'idées fixes !

Tout ce qui est inutile et sombre doit être chassé impitoyablement.

Le sommeil s'approche-t-il? on voit sortir du chaos des figures fantastiques, des riens sans forme se développer démesurément... puis de grands fantômes disparaître subitement.

Des ombres de vérités se mêlent à des ombres absurdes.

La raison et la folie se touchent la main.

Le sommeil et les songes se retirent-ils? il nous reste assez de lucidité pour voir renaître ce qui nous a ému.

Et ce qui m'a ému dans la journée, c'est le récit

d'un brave jeune homme qui vient de perdre une mère adorable et qu'il adorait.

Cette digne femme, atteinte d'une maladie cruelle et incurable, et comprenant que ses jours étaient comptés, consacra quelque temps à l'étude de sa fin prochaine.

Après avoir su vivre, elle voulut apprendre à mourir et préparer ses enfants à sa perte.

— Ne pleurez pas, disait-elle à la dernière heure ; ne pleurez pas. Je ne meurs pas, je m'en vais. Ici, malade, je ne pourrais rien faire pour vous ; mais là-haut je travaillerai, là-haut je vous attendrai. De là-haut, je vous tendrai la main.

Quel entretien austère et tendre dut s'établir entre cette mère et son fils, entretien qui, commencé sur la terre, dut s'achever au ciel !...

Et cette femme s'endormit du dernier sommeil avec une telle confiance, avec un tel calme, qu'aux yeux de sa famille son corps sembla transfiguré.

Ah ! ma chère Jeanne, combien ces saintes morts relèvent et fortifient notre courage ! qu'il est utile de s'endormir sur de telles pensées !

LES ATOMES

Il y a bien certainement dans l'air des atomes...

Des atomes qui nous poussent et nous éloignent; d'autres qui tirent à eux, ce que je nomme des atomes crochus.

C'est ainsi que des femmes outrageusement laides séduisent quelquefois des hommes qui ne manquent pas de goût; que d'autres, bossues, sottes, idiotes même, sont choisies et finalement épousées.

N'y a-t-il pas là la présence d'un atome crochu?

Je me souviendrai toujours de l'impression particulière que me fit et que me fait encore un ancien ami de mon père.

Grand artiste, très-original, d'une belle figure, il y avait, dans l'expression singulière de ses yeux et dans l'étrangeté de ses procédés, quelque chose qui m'attirait et me repoussait tout à la fois.

Il venait souvent causer avec nous et plaisait à tout le monde; mais sa présence me causait sans cesse dans l'esprit un mouvement de va-et-vient, d'avancement et de recul incompréhensible.

A sa vue, je me sentais troublée, je ne trouvais plus la liberté de ma pensée.

J'éprouvais un sentiment qui ressemblait à du goût, et un autre qui n'était certes pas de la sympathie.

J'étais écartelée, non à deux chevaux, mais à deux impressions opposées.

L'une poussait, l'autre tirait.

C'était évidemment dans l'air des atomes, ou dans les atomes de l'air, que se passait ce remue-ménage.

On ne s'imagine pas tout ce qui se fait dans ce que nous ne voyons pas.

LA MORALE

La morale est le pain des âmes, a dit je ne sais qui.

Sans contredit, c'est une vérité; mais ce qui est encore plus vrai, c'est que, pour la faire agréer des hommes, il faut la leur distribuer toute apprêtée, la cribler, la moudre, la leur couper par morceaux et, au besoin, la saupoudrer de sucre.

Pourquoi donc notre infirmité met-elle cette pauvre et bonne morale au rang d'une médecine?

Dis-moi cela, Jeanne.

Ne devrait-on pas l'estimer au moins comme on estime une vérité mathématique?

Mais que l'esprit l'assaisonne, que le cœur la répande, alors elle devient divine, et l'on consent à l'écouter. C'est le ton sentencieux qu'*il faut* éviter.

Moi, je la goûte quand je la rencontre au milieu de mes bons auteurs.

Je puise dans leur sagesse des avis qui me dirigent...

Et je me sens tellement éclairée par eux que, dans une affaire épineuse, je m'appuie toujours sur quelques bonnes maximes qu'ils ont eu la bonté de faire.

D'ailleurs, je la cherche dans l'Évangile. Je suis fortement persuadée que chaque prière laisse tomber un conseil, et que le désir de bien faire porte des fruits. Comment? Je ne sais.

Ce que je sais, c'est que la morale vient de Dieu et de nul autre. Voilà ce qui me la fait aimer.

Ce que je sais encore, Jeanne, c'est que tu es capable de me comprendre.

TOUT EST POUR LE MIEUX

Mon Dieu! que je plains celui qui, n'ayant point un fils aux galères ou une fille dénaturée, peut s'écrier : Que tout est mal dans la nature!

A cet homme, je ne saurais que dire.

Je le conduirais chez son médecin.

Toutes les grandes douleurs et les misères portent en elles une consolation : il n'y a vraiment que l'opprobre qui ne puisse se supporter.

Sans doute, il est plus gai de voir pousser les feuilles que de les voir tomber.

Il est vrai que la rose est plus jolie que l'ortie, et qu'une symphonie de Beethoven est plus douce à entendre qu'une cacophonie.

Il est certainement plus agréable d'être en bonne santé que d'être malade.

Mais si un bruit confus se fait autour de nous, bouchons-nous les oreilles.

Moi, depuis qu'à la bataille de la vie j'ai perdu mon oreille gauche, je suis, je t'assure, Jeanne, déchargée de bien des soucis.

Nul ne saurait imaginer le bénéfice que je tire de cette absence.

Soit que je me place de façon à ne pouvoir écouter ceux qui m'ennuient ;

Soit qu'en me couchant comme il faut je m'épargne le tapage qui se fait autour de ma chambre, je trouve très-souvent à bénir l'accident qui m'est arrivé.

Comme je dors bien depuis ce temps-là !

Tu m'as dit quelquefois, chère Jeanne, que je voyais tout en beau.

Tu te trompes. Je vois les choses telles qu'elles sont.

Non, tout n'est pas beau dans la création, dans l'homme surtout...

Non, mes lunettes ne sont point teintes en rose, comme tu le penses: Ce sont celles des pessimistes qui sont troubles.

Suis-je optimiste pour ramasser les fleurs que le vulgaire prend pour de la paille?

Le suis-je pour tirer parti d'un événement qui m'arrive?

Le suis-je pour éloigner de moi tout le mal qu'il est possible d'éviter?

Le suis-je enfin pour trouver dans l'affection d'une amie un charme qui me console de tous mes chagrins?

Ai-je pu éviter de faire une sottise? je monte au ciel.

Ai-je pu accomplir un peu de bien, me sentir meilleure que la veille? tout est pour le mieux.

Ai-je été un peu persécutée pour le soutien d'une bonne cause? je m'en réjouis.

Réfléchis, Jeanne, et tu penseras comme ta vieille tante.

Mais si tout était mauvais, car j'en reviens toujours à mes moutons, on ne verrait pas l'ordre régner dans l'univers. Malgré tant de confusion et de désordre dans les cœurs et dans les familles, ne vois-tu pas que le bien et le mal sont tellement équilibrés qu'un mélange intelligent se manifeste et que tout va le mieux possible?.

Ah ! chère enfant, s'il y a des croix au bout de bien des choses, tu sais, toi, élevée par une mère chrétienne, que c'est parce que Dieu a voulu que nous eussions le mérite de les avoir portées avec patience.

Heureux ceux qui pleurent, a dit le Christ, parce qu'ils seront consolés !

Heureux ceux qui souffrent pour la justice, parce qu'ils seront justifiés !

Moi, dans ce moment-ci, je ne souffre que d'un horrible mal de dents.

Les dents, cela n'est pas la justice, c'est moins noble, mais ce serait pourtant une jolie occasion d'offrir ma douleur à Dieu. Eh bien !...

Eh bien ! je suis lâche, ma chère Jeanne ; je souffre et je me plains.

Non, non, je n'étais point destinée à cueillir la palme du martyre.

La seule pensée qui me fasse endurer mon mal, c'est celle d'en voir bientôt la fin.

Mais après... quel soulagement! quelle joie! Comme on se sent renaître!

Cette jouissance-là en vaut bien une autre!

Mon pauvre commissionnaire fit une chute effroyable ces jours passés. Il se cassa la jambe.

— Ma foi! dit-il quand on l'eut transporté chez lui, une jambe ne vaut pas un bras. Je suis encore bien aise de n'avoir que ce malheur-là.

Une vieille voisine, fort incommodée d'un mari brutal et ivrogne, s'écria en le voyant mourir :

— Ah! le bon débarras! Que me voilà bien soulagée!

Grâce au ciel, ma chérie, je ne me suis rien cassé.

Et pour le bénir d'avoir perdu un méchant mari, il aurait fallu que j'en eusse un.

Or je n'ai point connu les joies de l'épouse, les joies de la maternité.

Je n'ai vécu qu'au foyer paternel.

Mais peut-être Dieu m'a-t-il épargné les peines et les douleurs qui sont trop souvent attachées à la vie du mariage.

Ce fut sans doute pour le mieux.

UN CRÉANCIER

Je connais des gens bizarres, mes voisins surtout.

Ils détestent les créanciers.

On dirait pourtant, à voir ces pauvres diables pendus à la sonnette, qu'ils ont un grand amour pour cette maison toujours fermée à leur approche.

Le créancier, disent mes voisins, est un homme sans pitié, sans entrailles ; il nous reproche le pain, le lit, le repos, le soleil.

Si on ne le paye pas, il s'attaque à tout. Il sucerait notre sang. C'est un reptile aux mille pattes ; il glisse, il pénètre sous notre oreiller. Il est atrocement laid.

Eh mon Dieu ! payez-le, il sera charmant.

Beaucoup de gens, dits honnêtes, payent aisément leurs dettes quand leur bourse est pleine ; mais peu se donnent, par une sage prévoyance, le moyen de la remplir.

Moi, je trouve le créancier un être adorable.

C'est un homme au sort duquel tout le monde devrait s'intéresser.

Le créancier est celui qui nous a vendu son temps, ses bras, son industrie, souvent son intelligence. Et c'est lui qu'on ferait revenir vingt fois sans pudeur !

Le créancier est souvent une personne qui nous a prêté de l'argent.

Et c'est elle que sans honte on ferait attendre !

Mais le créancier peut-il faire attendre ses notes, ses factures, ses billets à échéance ?

Ne doit-il pas payer son terme, satisfaire ses employés, etc., etc. ?

Le tailleur, la couturière n'ont-ils pas une famille à nourrir ?

Qui donc n'a pas besoin de son argent?

Je demande à ma voisine ce qu'elle deviendrait si son mari ne lui apportait pas régulièrement ses appointements.

Ce que lui-même deviendrait si le gouvernement l'envoyait promener.

Égoïsme! luxe! J'ai bien raison de dire qu'ils étouffent en nous les simples notions de la justice et de la loyauté.

Ah! si mon voisin savait ce que je pense de lui!

Si ma voisine devinait le peu de cas que je fais d'elle!

NE PERDONS RIEN

J'ai entendu ce matin faire à une de mes amies cette réflexion : On passe la moitié de son temps à faire ce qu'il faut pour vivre, et la seconde à s'empêcher de mourir.

Une autre réflexion plus juste encore peut-être est celle que :

Les hommes passent la première moitié de leur

vie à désirer la seconde, et la seconde à regretter la première.

Moi, qui fuis toute peine inutile, je désire le moins possible, je ne regrette rien et ne songe qu'à bien employer mon temps.

J'estime la paix chose tellement désirable que j'existe le plus doucement et le plus amplement que je puis.

De tout ce qu'on accorde aux soins de sa personne, aux devoirs de son état, aux bienséances inévitables que la société exige de nous, combien peu d'heures nous resteraient, si l'on ne savait les ménager pour s'appartenir quelquefois !

L'économie qui, en toutes choses, est une vertu, n'en devient-elle pas une impérieuse quand il s'agit de dépenser la vie ?

Est-il opportun de faire des épargnes quand la bourse est vide ou que le tonneau tire à sa fin ?

C'est Malherbe qui a dit :

> Le temps, d'un insensible cours,
> Nous porte à la fin de nos jours.
> C'est à notre sage conduite
> De nous consoler de sa fuite,
> En se ménageant comme il faut.

Suivons ce conseil, Jeanne ; aimons et ménageons la vie, quoique, en général, le temps dont elle se compose soit la chose dont on fait le moins de cas.

Je dirai même qu'on emploie un art continuel à le gaspiller.

On l'offre au premier venu, à un indigne, à un sot ; on l'use dans d'inutiles querelles, dans des discussions sans fin. N'est-il pas des êtres qui, ne sachant comment l'employer, passent leur vie à tuer le temps ?

Mais ces êtres-là ne sont-ils pas d'avance tués par lui ?

Trois motifs devraient pourtant nous y attacher :

Il est le prix de l'éternité.

Il est court.

Il est irréparable.

Va ! ma bonne chère Jeanne, n'en laissons pas tomber une minute sans en bien user. Savourons la vie, comme dit Horace.

Aimons, travaillons, jouissons de tout ce qui est bon et bien.

Jouissons surtout des présents de Dieu et des bienfaits de la nature.

Toi, chante, danse, espère et crois en l'avenir de tes ans.

Moi, même en tremblant, je veux chanter encore, je veux chanter toujours. Est-ce que les vieux rossignols perdent leur voix?

Et je veux danser le jour de ta noce.

Écoute :

Les plaisirs sont des fleurs que notre divin Maître
Dans les ronces du monde autour de nous fait naître.
Chacun a sa saison et, par des soins prudents,
On peut en conserver pour l'hiver de ses ans.

Je ne sais plus quel poëte a composé ces vers, mais ils me viennent en la mémoire, et je te les donne pour que tu en fasses ton profit.

UNE PLANTE CARNASSIÈRE

Dans un de mes derniers petits voyages, je

lisais les faits et gestes d'une plante carnassière, qui m'amusaient beaucoup.

C'était dans un journal américain. L'article, long et savant, était traduit librement par L. Neumann.

J'en ai extrait l'histoire que je t'offre.

Les Utriculaires sont des plantes qui croissent très-communément dans les étangs peu profonds.

Elles portent, attachées à leurs tiges, de petites vessies dont la structure très-compliquée est tout à fait jolie, et donne l'apparence d'un filet-tunnel.

A l'un des bouts de cette vessie est une ouverture, munie d'une porte mobile.

Une larve de cousin s'aventure-t-elle dans ces parages? attirée près de la fatale vessie, elle y entre, se débat et meurt dans sa prison, car la porte s'est refermée sur elle ; mais ce ne fut pas sans lutter qu'elle y trouva sa perte, possédant déjà une singulière paire de cornes télescopiques et des mâchoires d'apparence féroce. Rien n'y fait, la malheureuse est perdue.

Un autre insecte qu'on appelle ours d'eau se laisse entraîner plus lourdement. Aussi bête que le papillon qui se brûle à la bougie, l'ours n'aborde le terrible couloir qu'après avoir rôdé autour.

Une fois entré, il a l'air d'inspecter son nouveau domicile et de s'émerveiller de la splendeur de cette chambre qui, en effet, est toute tapissée d'étoiles.

Mais il ne tarde pas à voir qu'il est pris au piége, qu'il est dans une véritable prison cellulaire. Alors ses promenades se ralentissent, et le lendemain on trouve ses pattes et ses griffes tristement étendues.

L'ours est mort.

Le gai petit cypris, un autre habitant de ces étangs, orné de deux antennes ayant des filaments en forme de plumes, est emboîté dans une coquille qu'il ouvre suivant son bon plaisir et d'où il lance deux pattes mignonnes.

Quoiqu'il porte le nom de l'amour, Cypris ne folâtre pas ; il réfléchit, va, vient, fait silencieusement mille tours ; s'approche du souterrain, se recule effrayé, se présente de nouveau. Quelle séduction l'attire !...

Une fois entré, contrairement à l'ours, il manifeste de l'effroi, rentre ses pattes, ses antennes, ferme sa coquille, se laisse mourir...

Et son corps sert de pâture à la plante, comme tous les insectes qui pénètrent dans ce labyrinthe.

LE CRAPAUD

Ce que je reproche au monde, ma chère Jeanne, c'est de parler avec prévention de ce qu'il ne connaît pas et de juger les choses sans les approfondir.

C'est, par exemple, de mépriser le crapaud.

Que ce soit un homme ou un animal qu'on calomnie, je relève l'erreur. Je ne parle pas du mérite qu'a le crapaud d'endurer la diète pendant plus d'une année et de pouvoir rester claquemuré dans la chaux sans en mourir.

J'avoue que c'est une force de vie devant laquelle je m'incline.

Ce qui me le fait estimer, ce sont ses mœurs, que j'ai étudiées dans le livre de mon vieux naturaliste.

Jeanne, ne recule pas d'horreur et sache d'abord

que cette humeur visqueuse qui couvre son corps n'est nullement vénéneuse.

Tout au plus peut-elle causer à la peau une légère irritation.

Mais qui ne se sentirait ému en voyant l'incomparable tendresse que le mâle porte à sa moitié? Quelle fidélité conjugale!...

Qui ne serait encore touché en observant son extrême sollicitude pour ses œufs, dont il ne se sépare jamais et qu'il porte enroulés autour de lui en forme de collier? Quelques-uns les portent sur leur dos, logés dans une petite cellule où s'effectue leur éclosion.

Enfin, qui n'est attiré par la voix flûtée, imitant le son des clochettes, que le crapaud fait entendre par une belle soirée d'été?

Ce pauvre animal semble avoir conscience de sa laideur, car il ne sort guère que la nuit. Il sait d'ailleurs que l'éclat du soleil l'oblige à fermer la paupière, et que son grand œil noir disparaît sous une paupière grise qui n'est point jolie, j'en conviens.

Je plains les êtres qui sont laids et qui portent un vilain nom.

Il sait aussi, peut-être, que sa bouche est large et déplaît.

C'est que le crapaud ne mâche pas. A l'inverse de notre langue, la pointe de la sienne est dirigée vers le gosier. Dès qu'une limace ou un cloporte s'y présente, sa langue fait un véritable jeu de bascule. Elle prend sa proie, et la porte sans arrêt au pharynx.

Sa peau est grossière, diras-tu. Oui; mais comme elle est élastique, solide! comme elle doit bien le garantir!

Ah! gardons-nous bien de détruire le crapaud! Que de services il rend aux cultivateurs! Sans lui, souvent, les premières cultures, les salades seraient perdues.

Et cela est si vrai que partout dans les jardins on leur offre l'hospitalité. Et moi je le bénis quand je le rencontre blotti derrière mes fèves ou mes choux.

Il est encore un animal que je dois à la justice de réhabiliter un peu : le singe.

Tu m'en tiendras d'autant plus compte, chère

Jeanne, que, dans la création, c'est bien, après le reptile, la bête qui m'est le plus antipathique. Mais, enfin, je viens d'apprendre qu'un pauvre petit singe, victime de la guerre et des privations du siége, possédait, assure M. Lockroy, un journaliste très-connu, qui était son maître, de grandes qualités, des qualités de cœur rarement rencontrées chez les hommes.

Il ne peut pas dire à quelle espèce il appartenait; mais, parmi les témoignages qu'il donne de la bonté de son singe, il raconte que tous les matins, à l'heure précise du déjeuner, sautant sur son bras gauche, il lui demandait par gestes et par cris à manger.

C'était d'ordinaire une carotte qu'il grignotait avec des exclamations de joie.

Un jour, s'apercevant que son maître ne mangeait pas, il s'arrêta et parut réfléchir. Il grogna; puis, clignant tendrement de l'œil et penchant amoureusement sa tête sur l'épaule de M. Lockroy, il lui fourra l'extrémité de sa carotte dans la bouche; puis, voyant son maître la croquer à belles dents, il se prit à rire, ce qui ne lui arrivait jamais que quand il était très-content.

Le jeu continua, et tous les matins le déjeuner était pris en commun : la carotte ou la noix était partagée. Mais s'il arrivait à M. Lockroy de prendre plus que sa part, le singe levait drôlement les bras pour attester le ciel que son maître trichait. Si M. Lockroy ne mangeait pas, il refusait toute nourriture.

Un trait de véritable dévouement me fut encore raconté :

Dans une cage du Jardin zoologique de Londres vivaient ensemble, quoique en très-mauvais rapports, un baboin féroce et un petit singe américain. Celui-ci adorait son gardien.

Or, un matin, l'homme qui les soignait entra imprudemment dans la cage. Le baboin se rua sur lui avec tant de rage que le pauvre gardien, cruellement déchiré, s'en serait allé de vie à trépas, si le petit singe, surmontant la peur effroyable que lui faisait d'ordinaire son méchant compagnon, ne se fût élancé au secours de l'homme.

Il tombe à l'improviste sur l'agresseur, et, sup-

pléant à sa petite taille et à sa faiblesse par l'agi-
lité de ses mouvements et par la multiplicité de
ses coups, il le bat avec un tel entrain, le mord
avec tant d'acharnement, l'étourdit si bien de ses
cris perçants que le baboin ahuri lâche prise. Le
gardien est sauvé.

Voilà donc des traits qui, pour être rares, n'en
sont pas moins à la louange de ces quadru-
manes.

Voilà qui justifie jusqu'à un certain point ce
qui a été dit de l'insensibilité, de l'ingratitude
absolue du singe. La vérité doit se faire partout.

Il est encore une vertu qu'il faut leur accorder,
c'est celle de l'esprit de corps. Ils se soutiennent,
se défendent en commun. Si l'un d'eux succombe
dans la bataille, ou seulement est capturé, c'est
sous le feu des balles qu'ils viendront s'emparer
de leur camarade mort ou vivant.

Soyons donc toujours justes, chère Jeanne,
même en dépit de nos répulsions.

On est trop heureux de trouver chez de vilains

animaux des qualités affectueuses et du dévouement.

SUR LES INSECTES

ˮChère Jeanne, c'est encore de mon vieux livre que je ferai sortir aujourd'hui quelques détails que j'ignorais sur les abeilles.

Détails qui confirment la preuve de cette admirable intelligence que Dieu a répandue dans la nature.

L'abeille, qui connaît l'importance et la valeur de son travail, le fait la nuit, dans une ruche fermée, inaccessible à l'ennemi.

Toute ruche transparente lui est désagréable ; elle n'aime point que son intérieur soit observé.

En cela, bien des gens qui ne font pas de miel leur ressemblent.

Mais ce qu'il y a de plus remarquable, c'est que, ayant besoin d'un air très-pur, leur instinct les porte à se donner une ventilation convenable.

Le procédé qu'elles emploient est excessivement ingénieux.

Il consiste à se mettre toutes sur deux files qui se dirigent en sens inverse à l'intérieur de la ruche :

Les unes allant de dehors en dedans; les autres de dedans au bord de la ruche, accompagnant ce vol d'une légère trépidation de leurs ailes.

Elles font naître ainsi deux courants simultanés : l'un qui amène l'air pur; l'autre qui chasse l'air vicié.

Quelle science leur a donc été donnée? Et par qui?

Quelle suite de raisonnements dans un si frêle insecte !

Pour achever ce chapitre, je vais te copier une charmante étude empruntée à la correspondance de Mérimée.

« Connaissez-vous, dit-il, un petit crustacé qu'on nomme *Bernard l'hermite?* C'est un petit homard, gros comme une sauterelle, qui a une queue sans écailles; mais il cherche, jusqu'à ce qu'il l'ait trouvée, une coquille dont il puisse revêtir cette queue. Alors il la fourre dedans, et, ainsi habillé, se montre fièrement au bord de la mer.

« Hier, j'en ai trouvé un dont j'ai cassé la coquille très-proprement sans écraser l'animal ; puis je l'ai mis dans un plat rempli d'eau de mer ; ce Bernard y faisait la plus piteuse mine.

« Telle devait être celle du renard à qui l'on avait coupé la queue.

« Un moment après, je mis une coquille vide dans le plat. La petite bête s'en est approchée, a tourné autour, puis a levé une patte en l'air ; c'était évidemment pour mesurer la hauteur de la coquille. Après avoir médité une demi-minute, elle a mis une de ses pinces dans la coquille, s'assurant ainsi qu'elle était bien vide. Alors elle l'a saisie avec ses deux pattes de devant, et a fait en l'air une culbute de façon que la coquille reçut immédiatement sa queue. Elle y entra en effet. Aussitôt Bernard se promena dans le plat de l'air assuré d'un homme qui sort d'un magasin de confection avec un habit neuf.

« J'ai rarement vu, ajoute l'illustre écrivain.

des animaux si petits faire un raisonnement aussi évident que celui-ci...

« Un raisonnement aussi bien raisonné. »

Manquez donc maintenant de respect pour ces charmantes créatures du bon Dieu ! Et leur étude n'apporte-t-elle pas une puissante diversion à nos maux ?

Ah ! ma chère Jeanne, que Brizeux a raison quand il dit :

> Il est dans la nature,
> Dans tout ce qui se meut, et respire et murmure,
> Dans les riches trésors de la création,
> Il est un baume sûr à toute affliction.

Je t'assure, chère enfant, que, comme le poëte, je ne cesse d'admirer et de glorifier Dieu.

LE VIEUX CHEVAL

Je voudrais, pour l'honneur des animaux, que le fait qu'on vient de me raconter fût vrai.

J'y trouverais un plaisir extrême.

On tenait l'histoire d'un capitaine de cavalerie

qui rapporte qu'un vieux cheval, appartenant à un des hommes de sa compagnie, étant devenu infirme au point de ne pouvoir plus mâcher son foin et broyer son avoine, fut nourri par deux jeunes chevaux entre lesquels il se trouvait placé dans l'écurie.

Ces deux bonnes bêtes tiraient le foin du râtelier, le trituraient dans leur propre bouche, et le portaient ainsi préparé devant le vieux cheval.

Ils en faisaient autant pour l'avoine ; et ils soutinrent de cette manière, aussi longtemps qu'ils le purent, l'existence de leur vénérable voisin. Cette histoire m'a touchée plus que tu ne saurais le croire.

Tout le monde sait que le chien meurt de tristesse sur la tombe de son maître. On sait que celui qui habite le sommet des Alpes se précipite au travers d'un monceau de neiges pour sauver un homme.

Quant à moi, j'ai connu un âne, égaré dans les montagnes des Pyrénées, qui chercha son maître pendant deux jours et ne mangea que lorsqu'il l'eut retrouvé.

Mais le raisonnement des chevaux dépasse encore ces généreux instincts. Ah! si la bonté, le courage et la reconnaissance de ces animaux n'indiquent pas une intelligence affectueuse, un sentiment qui vibre, qu'est-ce donc que le sentiment?

Et pour ces pauvres créatures, traitées en général si injustement, si cruellement pendant leur vie, serait-il possible qu'il n'y eût rien au delà?

—Serait-il juste, disait mon cher père, que pour ces bonnes bêtes, pour celles qui ont trop souffert, Dieu n'eût pas préparé un petit paradis à part?

Tout ceci me remet en mémoire l'histoire de ce pauvre homme qui, revenant d'un long voyage en compagnie de son âne, le vit à son retour mourir à ses pieds.

Il pleurait et disait à ceux qui écoutaient sa plainte :

—Hélas! j'avais cru l'aimer pendant qu'il vivait; je le soignais de mon mieux. Il était si doux, si résigné, que je ne me suis point aperçu qu'il fût malade; mais à présent qu'il est mort je crains bien que la fatigue de me porter ne l'ait accablé, et que je ne sois responsable d'avoir abrégé sa vie.

Ah! si nous nous aimions tous seulement autant que ce bonhomme aimait son âne!...

J'ai toujours regardé comme un profond misérable ce geôlier qui, méchamment, tua l'araignée qu'un pauvre prisonnier aimait.

Je lisais ces jours-ci que Descartes, le grand Descartes, voulant faire de l'homme un être à part, refusait aux animaux toute intelligence. A son avis, leurs douleurs et leurs plaisirs n'étaient que des apparences; leurs instincts, des ressorts. Pour lui toutes les créatures, excepté notre espèce, obéissaient aux habitudes que le *fabricateur souverain* leur avait imposées d'avance.

Et entendre ce langage de la bouche de Descartes!

Certes, s'il avait un grand génie, que personne
ne conteste, le discernement du cœur lui manquait absolument.

Et, comme dit saint François de Sales, les raisonnements ne sont pas toujours la raison.

TRISTESSE

Le temps mêle à nos jours des heures d'infortune,
Où tout ce qu'on ressent des choses d'ici-bas
Nous attriste, nous blesse et ne nous émeut pas :
Moments de vrais dégoûts et de misanthropie,
Où l'âme se nourrit de sa mélancolie,
Où le cœur est muet, où l'esprit est glacé,
Et revêt tout en noir jusque dans le passé !

Moments où le bonheur, la gloire, la tendresse
Ne s'offrent que voilés de deuils et de tristesse !
L'amour même, l'amour, comme un noble élément,
A nos traits acérés sert de but un moment...
Mais regardons le ciel, attendons, et l'orage
Qui troublait notre sang bientôt s'éloignera.
Un doux penser viendra succéder au nuage
　　　Et notre âme au ciel montera.

Je ne me souviens plus du nom du poëte qui a
écrit ces vers, mais ceci est à la lettre, ma chère
Jeanne : il y a en nous certaines humeurs hypo-

condriaques qui circulent, qui troublent notre sang; or la présence de ces fluides a le pouvoir d'obscurcir le cerveau et de nous rendre tristes!

Tristes de quoi? de rien; car ce n'est souvent ni l'âme ni le cœur qui sont atteints.

Mais raisonner des choses n'ôte point la mélancolie.

Défions-nous seulement des mauvais fluides.

Ce qu'il y a de plus aisé, comme dit le bon poëte, c'est d'attendre, d'attendre... de toujours attendre. Moi, je lis, je me distrais et je regarde le ciel. Il n'y a pas qu'un soleil au monde. Il y a le soleil de l'esprit. C'est celui-là que je cherche.

Ce qui me persuade le plus de la Providence, c'est que pour nous consoler de nos innombrables misères la nature nous a faits frivoles.

Et je lui en rends grâce, car il est des situations dont on ne peut sortir que par toute la résignation du ciel ou par toute la légèreté de la terre.

On pense une chose le jour, on en pense une autre la nuit. Souvent on passe sans transition d'une idée pénible à un éclair de bonheur.

On sort gai pour revenir chagrin ; et ce qui causait de la joie le soir donne de la tristesse le matin.

« Hélas ! je commence une prière à Dieu, disait la charmante Eugénie de Guérin, et je la termine en songeant à des mondanités... »

Oui, l'esprit est mobile et léger. A peine est-il monté au ciel, que l'instant d'après il est sur la terre...

J'ai donc, comme tout le monde, des moments où, sans cause, ma pensée est couverte de deuil ; où, sans cause aussi, j'éprouve des mouvements de pure et sainte allégresse.

Hier la vie m'était pesante. Tout m'était désert, je me sentais malheureuse dans le sens humain.

Aujourd'hui mon imagination est en fleur, j'ai des contentements sans fin.

Demain ! demain, si les brouillards reviennent.... j'attendrai le beau temps.

CONFUCIUS

Ce qui me plaît dans Confucius, qui vivait il y a plus de deux mille ans, et qui n'était point Spartiate, puisqu'il était Chinois, c'est que ce grand homme faisait toujours la révérence devant des cheveux blancs.

Dans l'un de ses livres, il parle de la vieillesse et des égards qu'on lui doit; il apprend aux jeunes gens la civilité (puérile si l'on veut, mais à coup sûr honnête).

Il donne la manière de se laver les mains, de mettre sa culotte, d'attacher ses souliers. Il enseigne surtout la politesse, la déférence aux supérieurs et aux hommes sages.

Aux jeunes filles, il apprend également comment elles doivent se coiffer, parfumer leurs cheveux.

— Sur toutes choses, dit-il, respectez la vieil-.lesse.

Oui, ce fut un grand moraliste que Confucius !

Ne faudrait-il pas dans notre pays une multitude de Confucius?

Et si ce grand empire de la Chine subsiste depuis si longtemps, n'est-ce pas grâce aux mœurs de ses anciens habitants?

Pourquoi donc le ridicule s'est-il attaché à ce mot de Chinois?

Est-ce parce que Voltaire en a fait le synonime de magot?

Ah! s'il est de toute équité de dire du bien des gens qu'on ne peut pas souffrir, parce qu'on les croit réellement rusés, entêtés, cupides, menteurs, voleurs, etc., il est juste aussi de confesser sur plusieurs points notre infériorité.

Ainsi, quand je pense que presque tous les Chinois savent lire et écrire!

Quand je pense qu'un livre immoral y serait brûlé, et qu'on ne trouverait pas, dans tout l'Empire céleste, un ouvrage licencieux!

Cela me remplit d'estime pour eux et de confusion pour nous.

Quand je songe qu'un épicier chinois ne se permettrait pas d'envelopper une chandelle avec les feuillets d'un livre imprimé, tandis que nous ne craindrions pas de mettre de la mélasse ou de peser du poivre dans un cornet fait de la feuille d'un manuscrit!

Oh! alors je révère ce peuple et ma honte n'a plus de bornes.

Si la littérature n'est pas brillante chez les Chinois, si leur poésie n'exprime guère que le plaisir de boire du thé au clair de la lune, ils ont néanmoins de la considération devant un chiffon de papier écrit, je leur en sais gré. Ce n'est pas sans respect que même un homme du peuple ramasse dans la rue un fragment de journal.

Ajoutons encore qu'en Chine les livres et les journaux sont garantis contre l'impôt du timbre.

Le gouvernement le plus cupide, dit-on, le mandarin le plus avare s'indignerait à l'idée de prélever une taxe quelconque sur un des produits de l'esprit.

Sur ce qu'ils appellent un grain fécondant.

Hélas! peu de temps après Confucius, lors de la destruction de leur bibliothèque, que de grains fécondants ont été brûlés!

Là, comme partout, les révolutions ne savent que détruire.

Mais, ô tristesse ! je viens de causer avec un voyageur qui revient de Pékin. Je lui demandai où les mœurs en étaient.

— Les mœurs, me répondit-il, les mœurs s'en vont.

Il est encore des philosophes, des savants ; il n'y a plus dans tout l'empire un homme absolument honnête.

— Enfin, lui dis-je, sont-ils encore respectueux pour les vieillards ?

— Oui, cela est un peu resté, grâce à Confucius.

O Confucius ! toi qui aimas la vieillesse, la propreté et la morale, tu fus un grand Chinois.

A SCEAUX

La nuit trépasse, l'aube crève. C'est une manière comme une autre de peindre l'aurore. Si tu la trouves trop réaliste, ne t'en prends pas à moi.

Ce matin, à mon horizon, rien n'a crevé, si ce n'est une grosse pluie. Les perles de l'aurore, de cette aurore aux doigts de rose, sont tombées à l'état de grêlons.

Mais les giboulées ont beau faire : l'hiver est achevé, qu'il soit béni!

Le printemps vient, qu'il soit chanté!

Car enfin le voici, ce printemps qu'on désire
Depuis tant de longs mois! Tout renaît! tout respire!
Tout est vivant! Déjà la campagne verdit.
Les moissons vont pousser : tout est joie et nous dit :
Amour, amour, amour! La nature embaumée
Nous invite et nous aime. Elle veut être aimée.

Pierre, te souvient-il de ces rimes? Elles sont bien de toi.

Chante aussi, ma Jeannette, puisque tu possèdes encore le printemps de la vie.

Heures délicieuses des beaux jours, revenez, revenez souvent!

Revenez avec votre belle auréole du levant et du couchant, avec vos grands arbres bruns sur le fond doré du ciel; revenez avec les douces brises, avec le parfum des champs, avec la paix que vous me donnez.

Et l'hiver aura son tour; l'hiver qui m'apportera ses longues soirées, et me ramènera des amis que l'été disperse.

Qu'elle est puissante, cette voix des saisons! Que de projets nouveaux elle fait naître! Quelle succession d'événements heureux ou malheureux se préparent!

Je viens de lire une lettre de Rousseau. Sais-tu pourquoi je ne l'aime pas? C'est que sous le prétendu amour de la nature, sous cette sensiblerie, il avait le cœur souverainement ingrat.

Voici ce qu'il a écrit :

« Je me sens le cœur ingrat. Je hais les bienfaiteurs parce que les bienfaits exigent de la reconnaissance, que la reconnaissance est un devoir, et que le devoir m'est insupportable. »

Ne voilà-t-il pas l'homme peint par lui-même!

Se contenter de peu, s'entourer d'un petit cercle choisi, n'est-ce pas là le secret du bonheur intime?

Pouvoir répandre quelques bienfaits, en recevoir de ceux qu'on aime, que cela est bon !

Vivre aux champs, sous le ciel, fut toujours mon rêve, et il s'accomplit, puisque je t'écris aujourd'hui, chère Jeanne, du fond de ma solitude de Sceaux.

Ma fenêtre donne sur des vergers, sur des prés en pleine culture ; je vois pousser le blé et fleurir les arbres fruitiers ; je vois courir les chèvres et j'entends mes oiseaux. Hélas ! on abat maintenant les grands arbres pour l'épanouissement des fraisiers et des violettes. Les oiseaux que j'entendais sont partis, et avec eux la gaieté du printemps.

En hiver, je vois passer la charrue, la herse, tout l'attirail du laboureur.

Et quand le soleil me visite, je le bénis de tout mon cœur.

SUR LA VIEILLESSE

D'ici je vois la vie à travers un nuage
S'évanouir pour moi dans l'ombre du passé.
L'amour seul est resté, comme une grande image
Survit seule au réveil dans un songe effacé.

Repose-toi, mon âme, en ce dernier asile,
Ainsi qu'un voyageur qui, le cœur plein d'espoir,
S'assied avant d'entrer aux portes de la ville,
Et respire un moment l'air embaumé du soir.

Comme lui, de nos pieds secouons la poussière.
L'homme par ce chemin ne repasse jamais.
Comme lui, respirons au bout de la carrière
Le calme, avant-coureur de l'éternelle paix.

(Méditations poétiques.)

LA VIEILLESSE

Ma chère Jeanne, si j'avais l'éloquence de Cicéron, je voudrais écrire comme lui un ouvrage sérieux sur la vieillesse, sur la vieillesse qu'on redoute, je ne sais pourquoi.

Mais Cicéron parle de haut, et moi je parlerai de bas; c'est-à-dire que, d'une plume savante et ferme, Cicéron s'adresse aux hommes, tandis que de préférence, avec la plume d'une femme, je m'adresserai aux femmes.

Mais je dirai comme lui que, lorsqu'on peut ne pas tomber dans l'amour de soi-même, la première vieillesse est véritablement l'époque du perfectionnement moral de l'homme; que, juge du passé, éclairé sur l'avenir, le vieillard se préoccupe avec [intérêt du grand problème de la destinée humaine, et que, s'élevant aux plus sublimes pensées, il dirige avec bonheur vers l'étude de la nature et de la philosophie toutes les forces de son intelligence.

Je dirai encore avec lui qu'aux orages du cœur, dont la jeunesse est si souvent le jouet, succèdent les jouissances paisibles et profondes de l'amitié. Tout cela est vrai et cela *s'adresse à tout* le monde.

Un autre écrivain, M. Flourens, cet ancien secrétaire de l'Académie française, en a dit bien d'autres sur les tranquilles joies de la vieillesse, sur le calme bienfaisant qu'on goûte vers la fin de la vie, sur les bonheurs du coin du feu.

Et moi qui ai déjà, Dieu merci! dépassé cet âge que les Grecs nommaient une verte vieillesse, je te parlerai de ce que j'aurai senti, observé, éprouvé moi-même. Dieu veuille que ce récit t'intéresse, chère enfant, car les pensées douces et philosophiques ne manqueront pas.

CE QUE C'EST QUE LA VIEILLESSE

Oui, ma chère Jeanne, c'est bien à tort que tant de gens se plaignent de la vieillesse!

N'est-ce donc rien déjà que ce privilége qui lui est attaché et qui consiste à ne jamais savoir précisément quand elle commence, pour ceux qui la redoutent, et à ignorer le moment de sa fin, pour ceux qui tiennent à l'existence ?

Raisonnons :

L'enfant ne souffre-t-il pas à l'approche de tout ce que la vie va lui apporter ?

Il a déjà crié en venant au jour, il va lutter pour sa croissance, pour son développement. Il connaîtra bientôt les larmes et la douleur.

Il souffrira pour atteindre sept ans, quinze ans, trente ans, cinquante ans...

Mais, passé cet âge, l'homme a en poche un brevet de longévité.

Observons encore qu'en général les souffrances du déclin sont moins vives, moins aiguës que celles des premiers temps de la vie.

Si la mémoire des choses présentes fait défaut aux vieillards, avec quelle plénitude de souvenirs aussi il remonte les âges ! Comme il retrouve avec charme les moindres événements de son enfance, ses joies, ses petits malheurs qui lui semblaient si grands !

Plus près de lui, il goûte, par la pensée, le bonheur éclatant ou mystérieux de ses premières amours, de ses enthousiasmes, de ses franches amitiés. Retours délicieux !

Toutes ses illusions se déroulent. Rien n'est perdu du passé.

Où a-t-on pris ces vieillards de comédie dont on se moque ; ces gens crédules, inconséquents, bavards ?

On les a pris parmi des imbéciles.

Les imbéciles sont partout, et j'en connais beaucoup qui ne sont point encore des vieillards.

Puis, ôtons de nos disgraces tout ce qui vient de notre faute, tu verras, Jeanne, le peu qui en restera.

Sachons donc tirer de la vie tout son suc, c'est-à-dire le beau et le bon ; profitons de notre expérience, surtout de celle d'autrui, qui est plus commode, et nous remercierons Dieu de nous avoir donné de longues années.

Je suppose, il est vrai, que de trop grands malheurs ne nous ont point abattus.,

Je suppose qu'il reste encore au grand âge quelques feuilles aux branches et quelques racines au tronc.

Je suppose enfin qu'un vieillard en sa verte saison aura pu cueillir une rose sans trop se piquer les doigts;

Et que de son cœur il a su faire jaillir plus de feu que de fumée.

ÉLOGE DE LA VIEILLESSE

Chère Jeanne, je ne t'ai pas encore énuméré tous les avantages de la vieillesse.

J'y reviendrai souvent. Il faudrait un volume pour les contenir tous!

Cela t'étonne, j'en suis sûre, et je t'entends dire : Pauvre tante! peux-tu comparer la vieillesse à la jeunesse, les soucis de l'une et les plaisirs de l'autre?

En effet, ma chérie, la danse est amusante, les réunions nombreuses sont agréables, les grands repas sont gais, et le spectacle a beaucoup d'at-traits ! Que de jouissances !

Il est vrai, tout cela est charmant. Mais, grâce à Dieu, les plaisirs que tu possèdes, et que tu crois que je regrette, ne sont pas partis; ils ne sont que transformés. J'en jouis encore, je t'assure, mais autrement que toi.

Si je ne danse pas, est-ce que je ne trouve pas un bonheur extrême à te voir danser? Est-ce que je ne t'admire même pas plus qu'il n'est sage de le faire ?

Si le bruit des réunions tumultueuses me fait mal, ne trouvé-je pas aux petites réunions un charme extrême? D'ailleurs, ne me racontes-tu pas tout ce qui se passe d'intéressant, tout ce qui se dit autour de toi?

Quant aux grands repas, crois-tu que les simples ne leur soient point préférables? On y cause bien mieux, en plus douce liberté.

Quant à la table, par une prodigieuse bonté de Dieu, c'est un plaisir qui ne quitte jamais le vieillard. Un peu de prudence y préside sans doute. Voyez le grand malheur !

Crois-tu donc aussi que le goût du spectacle n'appartienne pas à tous les âges?

Seulement, au mien, on est un peu plus difficile sur le choix des œuvres dramatiques et sur le talent des interprètes.

Sais-tu ce que la jeunesse doit le plus redouter? c'est la satiété; c'est l'abus des plaisirs qui fait que le grand âge ne sait plus où en retrouver.

Je connais malheureusement aujourd'hui trop de jeunes gens qui sont déjà vieux. Je ne saurais m'en consoler qu'en rencontrant encore dans le monde des vieillards qui sont restés jeunes; de vieilles femmes qui sont restées adorables.

Eh mon Dieu! ne sont-ce pas les jeunes gens qui se plaisent à détruire? ne sont-ce pas eux qui ont renversé les plus grandes républiques?

Ne vois-tu pas, au contraire, les vieillards conserver et améliorer toutes choses? Ah! ma chère Jeanne, outre les avantages de la vieillesse, ce seraient ses mérites qu'il faudrait vanter.

LES PROFITS DE L'AGE

Si, à bon droit, chère Jeanne, je t'ai hier parlé des joies de la jeunesse, je veux t'apprendre aussi tous les profits qui t'attendent quand tu auras atteint mon âge.

Le premier, sans conteste, est la certitude qu'on a vécu. C'est une prise de possession que nul ne peut nous enlever.

Combien de jeunes existences se sont éteintes autour de nous !

Combien leur devons-nous de nos nombreuses années !

Et si, par hasard, cette vie, nous l'avons tristement subie ; si nous n'y avons pas pris goût, si trop de deuils nous pressent de sortir de ce monde...

Au moins sommes-nous bien sûrs, quand la vieillesse est arrivée, que nous n'y resterons pas longtemps.

Ne vois-tu pas aussi, Jeanne, que partout une

vieille femme est accueillie sans crainte, sans arrière-pensée de jalousie? Tout au contraire, elle fait, par sa figure, ressortir la beauté et les grâces d'une jeune femme. On nous sait gré d'être vieille.

Si la vieille femme est affectueuse, on l'aime. Si elle a un peu d'esprit, on la recherche.

Devant elle, qu'elle soit fille ou femme, on cause de tout sans embarras.

Elle reçoit toutes les confidences, et peut s'entremettre dans mille questions délicates.

Qu'elle parle, on l'écoute sans peine. Qui ne sait qu'elle a toujours dans le coin de sa mémoire quelque chose à donner, quelques réflexions qui instruisent?

Si elle est simple, une couronne de cheveux blancs ou gris sera sa parure.

Son titre de noblesse est celui de mentor. En est-il un plus digne?

Veut-elle quitter le monde? On pourra la regretter, mais on la laissera partir.

Heureux, disait Quinault,

> Heureux celui qui, dans la solitude,
> Peut disposer de son cœur à son gré !
> Heureux celui qui sans inquiétude
> Se console d'être ignoré !

Liberté du grand âge, que vous êtes douce !

Oui, chère Jeanne, dans la société comme dans la retraite, une vieille femme qui a gardé de l'agrément dans le caractère est toujours bien placée.

Et, quel que soit son entourage, elle peut être si utile ! s'occuper de tant de menus travaux ! donner tant de bons conseils ! soulager tant de misères, et de toutes sortes !

Et n'a-t-elle pas la grave mission d'apprendre aux femmes par quels moyens elles peuvent prolonger leurs jours, et plaire jusque dans une extrême vieillesse ?

Certes, c'est une science qu'une bonne vieille femme possède toujours.

Ah ! ma chère, si l'on se plaint de la vieillesse, c'est bien plus par le tort que lui font les mœurs et le caractère que par celui de l'âge, car je t'assure, quand on sait être vieille, qu'il est bien doux de vieillir.

LES AVEUX

Cependant, Jeanne, je ne dissimulerai pas les petits méfaits de la vieillesse; tu me croirais trop prévenue en sa faveur.

Je resterai vraie, chère enfant, vraie devant tes joyeux vingt ans.

Je conviens donc que j'ai quelquefois des douleurs qui se promènent autour de moi; de haut en bas, de droite à gauche.

Encore ont-elles la bonne grâce de ne s'arrêter nulle part.

Dieu m'a dit : Tu es une créature animée, une créature soumise au bien et au mal. Tu sentiras donc parfois de petits temps d'arrêt dans ta marche, des douleurs te visiteront, des brouillards obscurciront ton esprit.

Je me tiens pour avertie et j'attends d'un esprit ferme les infirmités.

Tu sais déjà, car je l'ai déjà dit, que, parvenues à un certain âge, le temps tire sur nous sans pitié,

blessant tout à tort et à travers, affaiblissant les
ressorts, usant les yeux, les oreilles et... et le
reste. C'est à nous de nous mettre le plus possible
à l'abri de ses coups.

En effet, pourquoi se préoccuper des avaries
inévitables d'un bâtiment, quand il navigue encore
près des côtes et non loin du port ?

Oui, ma bien-aimée, j'ai senti, j'ai souffert, je
souffre même aujourd'hui comme tout ce qui vit
ici-bas. Mais j'ai profité, j'ai appris de bonne heure
qu'en réglant mieux ses désirs et ses habitudes
le temps détruit moins vite notre pauvre machine
et l'attaque avec moins de brutalité.

Oui, dans la jeunesse, je me le rappelle, le réveil est gai, la vie remonte à pleins bords, une su-
rabondance de séve l'enivre. Elle semble porter
le feu en elle. Les matinées sont enchantées, les
soirées pleines de poésie et d'animation, et les
nuits remplies de songes dorés.

La jeunesse, a dit un moraliste, est comme le
bois sec, il prend feu et s'enflamme à tout. C'est
superbe !

La vieillesse, au contraire, ressemble à un morceau de braise qui s'allume mais ne s'enflamme pas.

Encore faut-il toujours souffler dessus, de peur qu'il ne s'éteigne!

On a dit encore avec esprit que les conseils de la vieillesse éclairent sans échauffer, comme les soleils d'hiver. — Je m'en suis aperçue trop souvent. Mais n'est-ce pas déjà quelque chose que de savoir qu'on porte en soi une lumière et souvent la vérité?

Je conviens donc que j'ai le réveil inquiet, troublé, l'esprit lent à se remettre en route. Je conviens que parfois le mécanisme du corps est dérangé. Ma mémoire s'obscurcit; mais quand la fatigue ne m'accable pas, quand la clarté se fait dans mon intelligence, combien la vie me semble bonne!!!... D'ailleurs ce que j'éprouve ne sont que de petits désordres et de légères misères!

LES CHEVEUX BLANCS

Grâce à Dieu, chère Jeanne, tu n'auras jamais ce sentiment étroit qui fait dire à tant de femmes :

— Moi, j'aimerais mieux mourir que de devenir vieille.

Que d'amour-propre dans cette exclamation !

Car ce n'est pas toujours la souffrance, les infirmités que ces femmes redoutent.

Ce qu'elles redoutent, c'est de n'être plus jeunes !

Ce qu'elles craignent, c'est d'être obligées de paraître affublées de rides, d'avoir la peau jaunie et raccornie par le temps !

Ce qu'elles pressentent avec douleur, c'est d'être oubliées !

Les visites empressées et flatteuses cesseront ; les relations aimables du monde passeront.

Tout cela leur cause un horrible effroi.

Elles aimeraient mieux mourir, disent-elles ; mais, grâce à Dieu, je ne connais pas encore de femmes qui, pour ce motif, aient disparu de la

terre. D'ailleurs, à quel moment précis se don-
nerait-on la mort? Les insignes du déclin viennent si insensiblement!

Quand l'âge est sévère le matin, il est si com-
plaisant le soir!

Les cheveux blancs sont si rares quand on les
fait disparaître un à un !

La poudre de riz est si aimable!

Et les lumières, n'ont-elles pas le privilége de
diminuer l'intensité du jaune?

Toute la bande des stratagèmes ne vient-elle
pas au colombier?

Ne se plonge-t-on pas soir et matin dans la
fontaine de Jouvence?

Mais quand les efforts ont prêté leur dernier
appui ;

Quand on ne peut plus rien dissimuler ;

Quand la jeunesse a donné son dernier coup
d'aile ;

Quand le miroir consulté reste inexorable, et
qu'il dit brutalement :

— C'en est fait, ma toute belle ; vous êtes vieille!

C'est alors que ces pauvres femmes cherchent

à se remettre du terrible passage où les restes de la jeunesse combattent à outrance.

C'est alors que, dans leur vanité, je ne sais quoi tourne à l'aigre.

Et quand elles en sont là, ma chère Jeanne, elles font enrager tout le monde.

Néanmoins, restons charitables envers ces stériles esprits.

Ne nous détournons pas toujours du monde parce qu'il stupide ou mauvais.

Cherchons, en restant bons et simples, à nous en faire accepter.

Et, tel qu'il est et que nous sommes, vivons, s'il est possible, entre le ciel et la terre.

L'ART D'ÊTRE VIEILLE

Tu as tourné le feuillet, Jeanne, et tu as bien fait; ce que je viens d'écrire n'est qu'une boutade contre certaines personnes que j'ai connues; car il est incroyable de voir combien, dans l'âge mûr, les femmes, en général, se défendent maladroitement de la vieillesse.

Les plus sages font les avances et abordent vaillamment les ennemis qui viennent les assiéger. Elles étudient leurs allures et se mettent en garde. Elles ont trop de sens pour éprouver jamais le dépit qui naît des approches de l'âge ; et l'annonce des premières rides ne les effraye pas.

Je ne sais plus qui a dit que les rides étaient les sentiers par où les illusions qui s'enfuient rencontrent *l'expérience qui vient*. Mais celui qui l'a dit a dit une jolie chose.

Il suffirait pour s'instruire dans l'art de vieillir de voir comment la plupart des femmes du xvii° siècle prenaient bravement l'âge du retour.

Il est vrai qu'alors le couvent était à la mode. On trouvait bienséant d'aller y finir ses jours.

Les unes n'y apportaient, j'en conviens, que les restes d'un cœur usé ou déçu.

Les autres, séduites par les éloquentes prédications des Bossuet, des Fénelon, des Bourdaloue, quittaient superbement un théâtre au moment où il devait inévitablement se fermer sur elles. C'était aussi un tombeau glorieux à de certains égarements.

Les natures sensibles puisaient dans ces retraites un aliment tout prêt pour la charité, pour la prière, pour le repentir.

L'amour de Dieu, retrouvé ou continué à propos, effaçait bientôt les larmes données à la jeunesse perdue, aux illusions envolées.

Mais combien d'autres sont restées fidèles à la société dans laquelle, jeunes filles, jeunes femmes, elles avaient brillé.

Celles-là, charmantes, étaient restées charmantes, parce qu'elles se soumettaient sans murmure aux lois du temps, parce que, à mesure que leurs avantages physiques diminuaient, à mesure aussi leur caractère s'enrichissait d'aménité. Le reste de leur beauté (si elles en avaient) se rehaussait de la douce expression du visage; l'instruction et quelques talents d'agrément, conservés avec soin, venaient à leur aide. Elles se créaient des occupations utiles et agréables, prenaient de douces habitudes. En un mot, elles étayaient leur vieillesse, ce qui était sage, prudent et spirituel.

Il y avait encore autrefois une ressource réservée aux natures d'élite.

On formait un salon, on réunissait des personnes d'esprit, des savants, des littérateurs.

Et Dieu sait si l'époque en manquait!

Je me souviendrai toujours d'avoir lu dans les causeries de Sainte-Beuve la description qu'il fit un jour du salon de Mme Geoffrin.

« Il ne suffisait pas dans ce temps là, disait-il, d'être belle, d'avoir de la richesse et un bon cuisinier.

« Il n'était pas non plus nécessaire d'être jeune pour attirer la plus haute société d'alors.

« Mme Geoffrin, dont la jeunesse se dérobait dans un lointain obscur, créa, composa et administra le plus ravissant salon du monde entier.

« Elle s'y entendait à coup sûr; mais que fit-elle pour l'obtenir?

«Tandis que la plupart des femmes ne s'occupaient qu'à faire retraite en bon ordre et à prolonger leur âge de la veille, Mme Geoffrin prit d'elle-même les devants, et s'installa sans marchander dans son âge du lendemain.

« Sa bonne grâce, sa bonté, son grand sens surtout attiraient une société choisie, et ses allures de vieille femme plaisaient à tout le monde.

« Sa naissance n'était point noble, et son mari, qui n'eut d'intelligence que pour faire une brillante fortune, ne jetait aucun lustre dans ces réunions d'hommes d'esprit. Tout cela ne l'empêcha point de se faire de nombreux et illustres amis, parmi lesquels elle se complaisait à nommer le jeune roi de Pologne. »

Mais, sans aller chercher si loin nos modèles, regarde autour de toi, Jeanne, tu en trouveras qui pensent comme ta vieille tante ; il suffit d'un grain de bonté et de philosophie.

Je te raconterai, pour terminer cette page, qu'étant en promenade à Sceaux je marchais en compagnie d'une vieille demoiselle des environs d'Aulnay. Ses pauvres yeux, dont une grave maladie avait fortement rougi les paupières ; un nez démesurément long et recourbé, qui voisinait avec un menton pointu ; un teint qui n'en était plus un, la rendaient peu plaisante à voir.

Des malotrus, un peu pris de vin, vinrent à passer.

— Ohé, la vieille ! crièrent-ils en ricanan donnez-nous un petit bout de votre nez.

Je voulus riposter et traiter ces gens comme ils le méritaient.

— Ne vous en donnez pas la peine, me dit-elle ; ce n'est pas de moi qu'ils se moquent, c'est de mon nez. Et il est drôle. Les pauvres diables! Dieu veuille encore leur accorder une vieillesse qui marche comme la mienne jusqu'à quatre-vingt-douze ans !

— Et qui sache pardonner, répliquai-je.

REPROCHES A QUELQUES VIEILLES FEMMES

J'ai dit quelque part qu'une vieille femme était libre de choisir entre la société ou la retraite.

J'ai dit qu'elle pouvait se confiner dans la solitude si elle en avait le goût.

Mais ce goût de la retraite absolue ne prend guère qu'aux femmes bien plus accoutumées à leurs défauts qu'à ceux d'autrui. Celles-là ne veulent rien supporter, ne veulent s'engager à aucun devoir. Celles-là n'ont rien appris de Dieu.

Elles ont deux cœurs, comme dit saint François de Sales : un doux, courtois et gracieux en leur endroit ; et un dur, sévère et rigoureux envers le prochain.

Il en est d'autres qui fuient la famille, et cherchent un milieu dans lequel leur vanité puisse s'épanouir. Au lieu de se plaire près des enfants, près des jeunes filles, elles ne fréquentent que des dames plus âgées qu'elles, qui, par leur opposition, les laissent jouir encore d'un dernier reste de coquetterie.

A ces femmes sans valeur, il faut un petit commerce de société étrangère où le babil quotidien tient lieu d'esprit et dont la médisance fait tous les frais.

Ce qu'elles redoutent le plus, c'est la vie régulière et ordonnée ; ce qu'elles redoutent, c'est d'être abordées par des personnes qui les ont connues jeunes et superbes. Elles sont honteuses de leur vieillesse!

Il est certain que l'amour-propre prend avec l'âge de singuliers développements. Dans la jeunesse, on ne craint pas d'ouvrir les yeux ; on se regarde avec complaisance. Mais les vieilles femmes connaissent leur âge, elles s'en doutent du moins, et ne veulent ni le voir ni l'entendre.

Ce qui isole les vieillards, ce ne sont pas toujours leurs infirmités, c'est leur humeur chagrine, leurs exigences, leurs gémissements sans fin.

J'en ai connu, bon Dieu ! de ces natures ingrates, se plaignant de toutes choses sans raison, et grondant sans cesse servantes et valets.

Natures sèches dont on s'éloigne, parce qu'elles répandent l'amertume et le découragement autour d'elles.

Ayons pitié d'elles cependant, car elles ne sont aimées de personne. Mais, s'il est permis et possible de le faire, fuyons leur commerce.

Ces sortes de femmes me remettent en mémoire un certain vieillard, homme très-bon toutefois et spirituel, qui vivait du temps de Louis XVI. Ayant une très-mince opinion d'un cercle de personnes âgées qu'il était obligé de fréquenter, il affirmait qu'il lui faudrait tous les matins avaler un crapaud pour ne trouver plus rien de dégoûtant le reste de la journée, quand il devait la passer dans cette société de vieilles et folles créatures.

INDULGENCE POUR LES VIEILLARDS.

Toutefois, chère Jeanne, n'exigeons pas que tout le monde ait notre manière de voir et de sentir, tout le monde 'n'a pas les mêmes courages et surtout la même philosophie

Tel affronte les balles sur un champ de bataille, qui devient lâche au seuil de la vieillesse, qui ne sait pas résister à ses inconvénients.

La philosophie ne se donne pas toujours, elle se vend aussi; mais combien de pauvres esprits n'ont pas le moyen de l'acheter !

Ayons donc pitié de ces vieillards moroses, de ces vieillards ennuyeux.

Ils le sont souvent parce qu'ils sont très-ennuyés d'eux-mêmes, et qu'ils puisent cet ennui dans l'insuffisance de leur esprit ou la stérilité de leur cœur.

Est-ce leur faute, après tout, si sur leurs épaules la vie est plus lourde qu'à d'autres? Est-ce leur faute, s'ils sont ingrats envers leur beau printemps, s'ils ne savent point accepter l'hiver de leur vie, s'ils ne se nourrissent, hélas! que de regrets stériles?

Ne sont-ils pas à plaindre?

Et puis nous ignorons trop souvent ce qu'ils ont pu souffrir; nous ignorons leurs désenchantements, leurs tristesses, leurs infirmités morales et physiques.

Ne savons-nous pas aussi qu'il y a des gens qui ont le malheur de ne voir au monde que ce qui leur manque? — Ceux-là seuls sont heureux qui savent jouir de tout ce qui leur reste! — Ah! si dans la jeunesse l'âme est en dehors, ne voyons-nous pas encore que chez de certains vieillards elle est en dedans, et si bien en dedans, qu'on ne se douterait pas qu'ils en aient une.

Mais, s'ils restent bons néanmoins, aimons-les.

Je sais bien que, quoique très-désirable, la

vieillesse n'est pas toujours un gain. Mais il en est de l'homme comme du vrai vin. Les bonnes natures s'améliorent en vieillissant ; les mauvaises tournent à l'amer ou à l'aigre.

Les esprits sains voient comment on se détache sans peine de tout ce qui semble important ; ils jouissent de leur sagesse et de leur expérience.

Ils sentent que quelque chose au delà de leur vue les attire, les appelle d'une voix douce.

Ils avancent tranquillement vers le but de la vie qui se rapproche chaque jour, sans trop regarder aux petites misères qui les entourent.

Ils se félicitent d'être arrivés à ce temps où, par le départ obligé de ce monde, ils laissent nécessairement derrière eux des regrets moins vifs...

A ce temps où l'on s'en va, comme dit Hugo,

Au milieu de la fête,
Sans que rien manque au monde immense et radieux.

LE MIROIR

Le premier jour de l'année est peut-être le seul où je me regarde sérieusement au miroir.

C'est là que je viens prendre de nouvelles leçons d'humilité et de philosophie. Comme toujours, le professeur a été éloquent, et cette année les leçons ont été bonnes.

Je voulus, selon mon habitude, me présenter à lui en bonnet de nuit.

Il y avait grande perte, car il me sembla entendre dire à ma glace :

— Mon Dieu ! ma chère, qu'avez-vous donc aujourd'hui? Vous avez une mine affreuse.

C'est précisément ce que me disent quelques amis maladroits lorsqu'ils me rencontrent.

Ces amis-là me déplaisent, parce que je ne les prie pas de me dire ce qu'ils pensent de ma figure.

Mais mon miroir me satisfait, parce que, le consultant sincèrement, il me répond avec franchise.

D'ordinaire, on se regarde sans se voir, ou plutôt on se voit sans se regarder.

C'est le plus souvent la coiffure, le bonnet qui préoccupe : l'ensemble suffit à nos yeux ; si nous nous trouvons bien, nous passons.

Moi, quand mon chapeau est droit sur ma tête, je ne lui en demande pas davantage.

Mais un jour vient, par hasard, où l'on remarque avec surprise : sur le front, des rides qui se sont creusées ; à côté, d'autres innocentes qui viennent de naître ; sur les joues, on découvre de nouvelles flétrissures ; les yeux sont plombés plus que de coutume, etc., etc.

C'est le moment d'écouter son professeur et de prendre bravement son parti. C'est le moment d'endosser l'uniforme de la sagesse.

Après tout, qu'importe le visage ? Rien ne nous oblige à en faire l'inspection ; il suffit de savoir où il en est. Ce qui importe, c'est que l'esprit garde sa jeunesse, et que le cœur ne soit jamais vieux.

Voyez donc ce qui arriverait d'ailleurs si notre corps ne vieillissait pas !

N'aurions-nous pas une peur horrible ?

Ne nous croirions-nous pas abandonnés de Dieu ?

Imagines-tu, Jeanne, le sang-froid qu'il faudrait posséder pour voir le monde vieillir, disparaître...

Et, seul, rester debout avec ses vingt ans ?

EXHORTATIONS AUX PERSONNES AGÉES

J'ai remarqué qu'il y a toujours quelque imprudence à se montrer au monde sous un côté défavorable.

Il vous prend trop vite au mot.

Les sentiments qu'on avait pour nous diminuent forcément de valeur par la perte de nos avantages extérieurs et par celle de nos facultés.

Il est donc sage de cacher ses misères, de dissimuler son grand âge, de ne point parler des impuissances de la vie, de ses infirmités, des mauvais succès, des moments de détresse, etc.

Il faut, si la vieillesse est triste, si la santé est mauvaise, enterrer tristesse et santé dans le silence.

Il n'y a que dans l'extrême misère, ou dans la vive souffrance, que les pauvres vieux ont bien le droit de se plaindre.

Je trouve aussi que, quoique un peu de paresse semble permise à la fin de nos jours, il est dangereux de se laisser inoccupé.

Quand le temps a apaisé les mouvements de l'âme et alourdi le corps, quand notre course est près de s'achever, nous croyons pouvoir nous reposer tout à fait sur le seuil de la vie, et n'avoir plus qu'à contempler les biens disparus et les biens à venir.

C'est un tort. Il y a toujours dans la nature et dans l'homme quelque chose à apprendre, quelque chose à enseigner, quelque chose à faire.

Ce qu'il faut le plus redouter, c'est le froid, le froid mortel!

Ce qu'il faut éviter, c'est la défaillance.

Les peines les plus vives se soulagent quand on les porte dans le sein de Dieu, les maladies s'acceptent avec du courage; mais l'ennui!

L'ennui, ce laisser-aller de toutes choses, cette prostration maladive qui nous ronge et nous enterre vivants! Il faut le fuir à tout prix.

Mme Deshoulières, de charmante mémoire, disait très-bien :

Non, c'est ne vivre pas que de vivre inutile.
Il faut, dans quelque rang qu'on soit,
Que jusqu'au dernier jour une personne habile
Tienne au monde par quelque endroit.

MADAME L...

J'ai déjeuné mardi dernier en petite compagnie.

C'était chez un riche propriétaire des environs d'Angers.

On m'avait, à dessein je crois, placée près d'une dame fort âgée.

Elle venait d'atteindre ses quatre-vingt-huit ans, et possédait encore ses trente-deux dents en bon état. Je n'ai pas besoin d'ajouter que toutes lui appartenaient.

Le teint frais encore et la bouche assez vermeille, elle mangea de bon appétit, but sec, parla beaucoup et bien de toutes choses.

J'aurais voulu, Jeanne, sténographier l'éloge qu'elle fit de la vieillesse.

Elle aurait, à vrai dire, pu s'en dispenser, tant elle portait cet éloge avec elle.

Assurément, cette dame n'eut pas besoin d'aller

bien loin chercher les goûts et les mœurs de son âge ; ils étaient venus d'eux-mêmes.

Ce qu'il y avait d'agréable en elle, c'est que sa lotntaine jeunesse, rehaussée d'un air de bonté, se retrouvait encore au travers de son grand âge.

Je suis sûre que, jusqu'au jour où elle quittera ce monde, elle pourra, sans aucun ridicule, mêler des roses à ses jolis cheveux blancs.

Je suis sûre aussi qu'autour de cette aimable mémoire les regrets ne manqueront pas.

Le déjeuner fini, on passe dans le salon.

La maîtresse de la maison me prend à part et me dit :

— Vous avez causé avec Mme L...; vous savez qu'elle a de l'esprit, mais peu de personnes connaissent la noblesse de ses sentiments et le talent qu'elle a dans le genre épistolaire.

« Voici, ajouta-t-elle, un fragment de lettre adressée par elle à son petit-fils, il y a un an à peine.

J'appris alors que ce jeune homme, d'une haute intelligence, mais possédant peu de fortune, restait avocat dans une petite ville de province.

Rongé d'ambition, souffrant de se sentir confiné

loin de Paris, et de ne pouvoir y déployer son éloquence, il désespère sa famille.

Après que j'eus pris connaissance de ce fragment, je demandai à mon amie s'il y aurait indiscrétion à le produire.

— Non, me dit-elle ; je prends tout sur moi.

Et je copiai ce bout de lettre pour te faire voir, Jeanne, jusqu'où peut aller la fermeté du style et de la pensée chez une femme de quatre-vingt-huit ans.

. . . .

« ... L'orage est au fond de ton cœur et l'amertume est dans tout ce que tu m'écris.

« Hélas ! mon dernier rêve ici-bas était de] te voir heureux, d'adoucir ta vie, de tout supporter pour toi, de te faire connaître le courage et l'amour d'une grand'mère.

« Rien ne te touche.

« Elle demeure ce qu'elle était, cette âme affamée des gloires du monde, et qui ne demande qu'à laisser un nom dans la mémoire des hommes... de ces hommes pourtant que tu méprises.

« Qui veut aller au delà du possible, mon enfant,

tombe dans le néant de soi-même. — Que de tristesse dans tes lettres, que de stérilité dans ton cœur !

« Est-ce bien de moi que tu tiens cette organisation riche, mais fiévreuse ?

« Tu possèdes, comme ta mère, les éléments de la vertu, de la force ; tu n'as pas le courage moral dont elle te donne l'exemple.

« Quand donc prendras-tu le gouvernement de ton esprit ? quand donc laisseras-tu venir à toi les joies intérieures, sans les troubler par des regrets incessants et inutiles, par les désespérances sans fin de l'avenir ?...

« Être utile à tes semblables dans la mesure que t'offrent les circonstances où tu es né et les événements qui t'entourent...

« N'est-ce pas assez beau ?

« Pouvoir offrir à Dieu le fruit de ta vie et non celui de tes rêves...

« N'est-ce donc pas suffisant ? »

. . . .

Et la lettre se terminait par une effusion de tendresse qui prouvait la bonté de cette adorable grand'mère.

O TEMPS! O MOEURS!

Jeanne, écoute Fontenelle, l'auteur de la *Plu-
ralité des mondes*, et dis-moi si cette exclamation
sortie de la plume d'un vieillard spirituel et d'un
philosophe n'est pas charmante :

> Il fallait n'être vieux qu'à Sparte,
> Disent les anciens écrits,
> O Dieu! combien je m'en écarte,
> Moi qui suis si vieux dans Paris!
> O Sparte, Sparte, hélas! qu'êtes-vous devenue?
> Vous saviez tout le prix d'une tête chenue.
> Plus dans la canicule on était bien fourré,
> Plus l'oreille était dure et l'œil mal éclairé,
> Plus on déraisonnait dans sa propre famille,
> Plus on épiloguait sur la moindre vétille,
> Plus contre tout son siècle on était déclaré,
> Plus on était chagrin et misanthrope outré,
> Plus on avait de goutte ou d'autre béatille,
> Plus on avait perdu de dents de leur bon gré,
> Plus on marchait pesant sur sa grosse béquille,
> Et plus dans vos remparts on était honoré.
> O Sparte, Sparte, hélas! qu'êtes-vous devenue?
> Vous saviez tout le prix d'une tête chenue.

Oui, chère enfant, ce qui manque aujourd'hui

dans notre société frivole, c'est la confiance et le respect envers les vieillards.

LA VIEILLE FILLE

Je voudrais, Jeanne, que tu connusses comme moi une demoiselle du monde qui approche de la soixantaine. Tu l'aimerais et tu te familiariserais avec ce que dans le monde on appelle un peu dédaigneusement une vieille fille.

Pourquoi donc ce mot comporte-t-il souvent une trop légère considération?

Est-ce parce que le titre d'épouse et de mère semble plus noble?

Est-ce parce que d'ordinaire une vieille demoiselle ne tient pas maison; parce qu'elle manque de certaines prérogatives, de certains droits?

Est-ce parce que le dévouement au mari, aux enfants, multipliant les rapports et les relations, met la femme mariée plus en évidence?

Sans s'en rendre compte, l'opinion accepte peut-être toutes ces causes, qui font qu'au premier abord une vieille fille semble avoir moins de valeur et pèse d'un faible poids dans la société.

Pourquoi la femme mariée porte-t-elle la tête plus haute et plus superbe que la vieille fille, si ce n'est qu'elle a la conscience d'accomplir une loi naturelle, une loi divine ; si ce n'est qu'elle est fière d'ajouter à son nom le nom d'un homme, d'un époux qu'elle aime légitimement, que Dieu et la société lui donnent le droit de porter ?

Ses chagrins, le monde y compatit ; ses joies sont partagées ; ses droits, elle en jouit en sécurité ; ses devoirs, elle les connaît et s'en glorifie.

Ses enfants font naître un juste orgueil.

— Voyez, dit-elle, ils sont à moi ; Dieu me les a donnés.

La vieille fille, par des événements qui n'ont pas toujours dépendu d'elle, par l'impossibilité souvent de contracter une union sortable, reste forcément célibataire.

Refoulant ses instincts, ses sentiments, ses nobles aspirations, elle a vu chaque jour se fermer sur elle la route où tout lui promettait le bonheur.

Elle ne portera jamais le nom d'un époux. Elle ne possédera jamais celui qu'elle a pu rêver.

Elle ne donnera jamais le jour à un enfant qu'elle eût adoré.

Elle ne peut pas prendre le rang assigné au mariage.

La fille, après avoir, selon la loi de nature, fermé les yeux de ses vieux parents, regarde autour d'elle, se trouve isolée ; sa famille est dispersée, ses amis sont souvent loin d'elle. Elle est seule.

Ne sachant comment reconstituer un foyer éteint, la bonne fille rallume son cœur au feu de l'humanité tout entière; elle se rattache à la vie en prodiguant son dévouement. Elle prend courageusement son parti : quittant les rêves du passé, les espérances de l'avenir, elle cherchera de nouveaux aliments à son amour.

Il faut qu'elle aime, Dieu le veut.

Une autre mission se présente, moins naturelle sans doute, moins charmante à coup sûr, mais plus divine encore. Elle aime tout ce qui souffre, elle se rapproche de la douleur. Elle soulage, elle console.

Qu'importent les ingrats?

« Si vous n'aimez que ceux qui vous aiment, a dit le Christ, et si vous ne donnez que pour qu'on vous rende, que faites-vous de plus que le commun ? »

La vieille fille qui a du cœur a compris l'Évangile, elle l'a médité. Sa vie va se répandre en œuvres discrètes et obscures. En faisant du bien, en s'occupant des malheureux, elle se sentira plus près de Dieu, et pourra encore s'estimer heureuse.

Je t'ai fait le portrait de Mlle G...

Est-ce à dire que toute l'existence d'une vieille fille sera prodiguée à l'infortune et qu'elle ne jouira pas des facultés qu'elle aura pu développer dans sa jeunesse ? Non, vraiment !

Il est évident que, privée d'un ami, d'un compagnon de voyage, elle aura moins de traverses, moins de devoirs à remplir.

Si elle n'a pas les joies de la maternité, elle n'en aura pas les inquiétudes, les tracas.

Elle aura donc plus que toute femme au monde une immense liberté. Elle a plus de temps à remplir comme il lui plaît, à dépenser comme elle l'entend.

Elle peut se vouer à l'éducation des enfants qu'elle aime, elle peut se donner à l'amitié, elle peut se livrer à l'étude des beaux-arts, jouir pleinement de ses douceurs, sans que son intérieur en souffre ou en prenne de l'ombrage.

Elle peut enfin dans une suprême consolation dire :

Rien ne peut adoucir le chemin de la vie
Que l'ange des beaux-arts et le cœur d'une amie.

LE DERNIER VOYAGE

La mort n'est point la mort. Nous la trouvons amère,
Nous l'appelons néant. Non, c'est la grande mère,
Qui nous engendre à Dieu dans sa fécondité.
Un poete.

Avez-vous jamais, chers enfants, songé à ce dernier voyage? Vous êtes-vous parfois imaginé quel immense changement doit faire en nous la mort, quelles nouvelles et merveilleuses scènes doivent s'ouvrir devant notre âme?

La terre est déjà si belle, le soleil si splendide ! Combien plus doivent être beaux et splendides les cieux que nous ne connaissons que par le pressentiment !

Cicéron écrivant à un ami lui disait : « Souviens-toi que si ton corps doit périr, toi tu n'es pas mortel. Cette forme sensible que tu portes, ce n'est pas toi. Ce qui fait l'homme, c'est l'âme et non cette figure que l'on peut montrer du doigt. »

Sans doute, à nos yeux, tout ce qui finit épouvante. La nature d'ailleurs, par le goût qu'elle a de la conservation de l'individu et de l'espèce, imprime en nous l'effroi de la mort, et, pour exprimer la douleur des séparations, elle nous a donné les soupirs et les larmes.

Soupirons donc et pleurons sur ceux qui nous quittent. Obéissons, mais n'exaltons pas les instincts naturels, ne dépassons pas les lois qui nous attachent à l'existence.... Aimons sans développer avec excès nos facultés aimantes. Aimons comme nous *devons aimer* tout ce qui est passager.

C'est la réflexion qui m'amène à penser que,

si la vie est un voyage, la mort doit en être un également.

Hélas ! j'ai déjà dit que s'il est difficile de comprendre le commencement des choses, la fin de tout est bien plus incompréhensible.

Je m'explique :

Notre intelligence peut admettre qu'une puissance divine ait pu de rien créer toutes choses.

Mais notre raison se refuse absolument à croire à l'anéantissement.

Elle se refuse à croire que toute œuvre ayant été conçue, ordonnée et prévue, que toute créature ayant eu pendant la vie un but marqué perde ce but après la mort. — Même en ce monde, nul n'édifie pour détruire ; ce qui est bon et bien n'est jamais renversé que par les esprits pervers.

Dieu a voulu nous voiler l'avenir, soit ! mais il n'a pas voilé en nous le bon sens, cette faculté de l'esprit qui perçoit le vrai, le juste et commande la croyance.

Le corps, même tout périssable qu'il semble, ne peut pas périr tout entier. Ses restes doivent avoir nécessairement une vertu ignorée; ils doivent participer à ce qu'il y a d'éternel au monde.

Et l'âme! Ce souffle de Dieu serait appelé au néant! Non, non, la mort n'est point la fin de tout.

Nous avons un pied sur la terre, mais nous en avons un dans le ciel!

Ne voyons-nous pas l'homme brave affronter la mort? Un seul mot l'élève au-dessus de l'instinct de sa conservation : la patrie!

Un seul sentiment réveille l'homme bon et l'emporte au delà de la vie qu'il aime. Ce sentiment, c'est le dévouement à la famille, à l'humanité jusque par delà le trépas.

Si tout était appelé au néant, quelle puissance féconderait donc son courage?

Ne voyons-nous pas le sage accueillir la mort avec calme et, d'un cœur tranquille, préparer son départ? Il tient à ses affections pourtant, mais il les emporte avec lui.

Comme Socrate, il croit à l'immortalité.

Ce qui m'a toujours le plus ému, c'est le spectacle de l'homme de bien qui, ayant conscience des derniers moments de sa vie, dispose ses affaires avec ordre et prévoit tout ; son âme placée au-dessus de l'instinct le fait descendre dans la tombe sans hésitation comme sans faiblesse.

Le poëte philosophe et religieux va plus loin. Il demande que sur sa couche funèbre des amis répandent des fleurs. Il a raison. Pourquoi donner à la mort un aspect lugubre ?

La mort n'est point un mal.

Il est une chose singulière, c'est de voir ceux qui calomnient le plus la vie être ceux-là mêmes qui redoutent le plus la mort. Ils disent que la terre n'est qu'une vallée de larmes. Alors, pourquoi craignent-ils d'en sortir ?

D'autres, fort attachés à cette vie passagère par leur imprudence et leurs folies, courent au-devant de la mort, comme si elle ne venait pas assez vite.

Mais si la vie s'offre heureuse, pourquoi donc ne pas la ménager ?

L'homme est inconséquent.

Par un bienfait de la nature, le corps se repose et se rafraîchit par le sommeil. La vie se recueille et se renouvelle.

N'en est-il pas ainsi de la mort? Est-elle autre chose que le sommeil de la vie?

Et n'y a-t-il pas une main invisible qui travaille à un nouveau réveil?

Non, la mort n'est point la fin de tout.

Elle est si naturelle, si simplement opposée à la vie, que l'âme s'échappe du vieillard sans effort. Elle est sur le bord de ses lèvres.

Et à mesure que l'âme se développe, qu'elle se sent libre, éternelle, plus puissante que toutes les puissances de la terre...

A mesure qu'elle pressent quelque chose au delà de tout ce qu'elle voit, que le besoin de la vérité et de la justice l'élève au-dessus des passions de la terre...

Que de raisons d'aimer la mort!.

Qu'il est doux d'entrevoir près d'elle le beau idéal auquel nous aspirons, le vrai que nous aimons, mais que nos passions troublent sans cesse!

Et je ne suis pas la seule à penser de la sorte. Entre mille autres, écoute Lamartine :

Je te salue, ô mort, libérateur céleste !
Tu ne m'apparais point sous cet aspect funeste

Que t'a prêté longtemps l'épouvante ou l'erreur,
Ton bras n'est point armé d'un glaive destructeur,
Ton front n'est point cruel, ton œil n'est point perfide.
Au secours des douleurs un Dieu clément te guide.
Tu n'anéantis pas, tu délivres ; ta main,
Céleste messager, porte un flambeau divin.
Quand mon œil fatigué se ferme à la lumière,
Tu viens d'un jour plus pur inonder ma paupière ;
Et l'espoir près de toi rêvant sur un tombeau,
Appuyé sur la foi, m'ouvre un monde plus beau.
Viens donc, viens détacher mes chaînes corporelles !
Viens, ouvre ma prison ; viens, prête-moi tes ailes !
Que tardes-tu ? Parais, que je m'élance enfin
Vers cet Être inconnu, mon principe et ma fin !

LES AGES DE LA VIE

Veux-tu savoir, Jeanne, comment je me suis plu à classer les différents âges de la vie ?

A 5 ans : on se laisse vivre ; on aime sa poupée et on la crève pour voir ce qu'il y a dedans.

A 10 ans : la vie s'ouvre ; on questionne, on regarde. L'âme est au bord.

A 15 ans : tout est merveille ; le temps brûle, l'âme s'épanouit, le cœur cherche.

A 20 ans : on aime ; la vie nous enivre ; on la

croit éternelle. Toute la terre nous appartient ; le feu est partout.

A 30 ans : on réfléchit, on sait. Toutes les ambitions sont ouvertes ; on monte, on monte ; il tarde d'être au sommet de l'échelle.

A 40 ans : on arrache le premier poil blanc, on efface la première ride, on pèse la vie, on pèse la mort, l'on reste ambitieux et l'on se croit éternel.

A 50 ans : tous les miroirs sont faux ; on commence à changer d'amour, on caresse la table, on fréquente le jeu, l'église ; mais la vanité demeure au logis.

A 60 ans : les avertissements commencent. Quelques pierres se détachent du bâtiment ; l'édifice s'ébranle ; on ramasse soigneusement les pierres, on les ajuste, on en met de nouvelles, on replâtre les murailles, on met des carreaux aux fenêtres, on rit au travers.

A 70 ans : on cherche de nouvelles poupées, on raccommode les vieilles ; de nouveaux horizons se découvrent ; la vue s'affaiblit, mais s'allonge ; on devine, on pressent au delà de ce monde, on garde ses pantoufles, on est heureux.

A 80 ans : on se résigne à la chute du monument, on le voit tomber, on s'accroche au ciel.

A 90 ans : on glisse, la lumière s'obscurcit, on se serre la main.

A 100 ans : l'on rend son âme à Celui qui nous l'a donnée.

LE REPOS

Chers enfants, c'est entre deux roses que le récit de ce voyage a commencé et qu'il s'achève.

Je me repose.

Oui, c'est entre la rose de Noël, blanche fleur de décembre, et la jolie rose de mai que chaque jour je vous écrivis une page.

Les pages que l'on remplit avec plaisir font vite un volume.

Dieu veuille que vous ne vous plaigniez pas d'y avoir trouvé plus de sel que de sucre.

Ah ! je voudrais bien, chère Jeanne, à mon exemple, que tu fisses une espèce de journal !

Il serait intitulé : *Voyage sentimental autour*

d'une jeune fille. C'est alors que ce serait charmant!

Observer ce qui se passe autour de soi, voir surgir ses réflexions, les saisir au passage, suivre la naissance d'une idée, sa marche, sa fin, etc.

Tout cela, tu peux le faire comme moi. Comme moi, tu peux l'écrire.

Est-il une terre plus merveilleusement féconde que l'âme humaine?

En est-il une plus curieuse à contempler?

N'y fait-on pas tous les jours de nouvelles découvertes?

N'y découvre-t-on pas toujours de nouveaux horizons?

Regarder le monde est déjà intéressant; mais regarder en soi-même l'est bien davantage.

On y trouve sans doute, parmi les fleurs, des ronces que la vanité fait incessamment pousser.

Mais c'est dans ce fouillis de mauvaises herbes qu'il est bon de mettre la pioche.

Si quelquefois elles nous semblent dures à arracher, ce n'est pas, je t'assure, sans une grande satisfaction qu'on y parvient.

Certainement nous sommes soumis aux passions ; certainement nous sommes misérables ; mais disons avec Pascal que c'est être déjà grand que de se connaître misérable.

D'ailleurs, s'il n'y avait pas ces orties de l'égoïsme et de l'amour-propre à extirper sans cesse, il n'y aurait point de mérite, il n'y aurait pas de plaisir.

C'est de cette lutte, c'est de ce travail que nous sortons et meilleurs et plus forts.

C'est par ces efforts répétés que nous disons en toute vérité qu'on ne saurait mieux vivre qu'en ayant la pleine conscience de son amélioration.

Je vous quitte sur cette pensée. — Adieu, mes chers enfants ! quoiqu'il soit plus doux et plus juste de se dire : Au revoir !

FIN.

TABLE DES MATIÈRES

FIN DE LA TABLE DES MATIÈRES

SCEAUX. — Imp. M. et P.-E. Charaire.